주식투자
최적의 타이밍을
잡는 작은책

The Little Book of Stock Market Cycles by Jeffrey A. Hirsch
Copyright©2012 by Jeffrey A. Hirsch
All rights reserved. This translation published under license.
Korean translation copyright©2014 by Candybook
Korean translation rights are arranged with John Wiley&Sons International
Rights, Inc. through Amo Agency, Seoul, Korea

이 책의 한국어판 저작권은 아모 에이전시를 통해
저작권자와 독점 계약한 맛있는책에 있습니다.
신 저작권법에 의해 한국 내에서 보호를 받는 저작물이므로
무단 전재와 무단 복제를 금합니다.

주식투자
최적의 타이밍을
잡는 작은책

제프리 A. 허시 지음 | 조윤정 옮김

맛있는책

추천의 글

펀더멘탈을 중시하는 투자가가 기술적 분석에 관한 책의 서문을 쓰는 것이 이상해 보일지 모르겠다. 많은 펀더멘탈 투자가는 기술적 분석을 점술보다 대단치 않은 것으로 치부하며, 기술적 분석가를 아이들로부터(그리고 아이들처럼 행동하는 투자자/거래자들로부터) 멀리 떼어놓아야 할 마법사 정도로 여기곤 한다. 하지만 어쨌든 나는 펀더멘탈 투자가임에도 불구하고 이 책의 서문을 쓰기로 했다.

중요한 것은 투자가 복잡한 사업이라는 것이다. 다른 각도에서 볼 때마다 다른 접근 방식을 요구하는 피라미드를 한번 상상해보라. 때에 따라 펀더멘탈 분석, 가치 평가, 기술적 분석이 저마다 필요하다는 얘기다.

제프리 허시가 이 책《주식투자 최적의 타이밍을 잡는 작은책》에서 간결하고 설득력 있게 설명하고 있는 것은 주식시장에 미치는 "기술적" 영향이다.

깊은 사고를 담은 이 책은 윈스턴 처칠이 한 얘기에서 영감을 얻은 것이다. 처칠은 "뒤로 멀리 볼수록 앞으로도 멀리 보는 법이다."라고 썼다.

저자가 썼듯이, 주식시장의 역사에서 배우는 교훈은 이루 헤아릴 수 없을 만큼 값진 것이다. 과거의 패턴을 연구하면 미래의 추세를 보다 분명하게 알 수 있다. 역사를 모르면 언제라도 여러분의 투자에 치명적인 위험이 찾아올 수 있다.

시장이라는 녀석은 사귀기 쉬운 남자가 아니다. 시장의 역사와 금융 주기의 리듬에 관한 분석은 결코 쉬운 일이 아니며, 제프리가 취하는 방식은 특히 더 그렇다. 인간의 행동, 휴가, 선거, 계절, 시기가 주식시장의 방향에 어떤 영향을 미치는지 판단하려면, 주의 깊은 관찰과 비판적 사고가 필요하다. 제프리의 분석에서는 심지어 전쟁과 평화의 역할도 분석 대상이다.

제프리는 2010년 5월에 놀랍게도 주식시장의 엄청난 호황을 예언했다. 그는 다우존스 산업평균지수가 2025년에는 38,820포인트까지 갈 것이라고 했다!

제프리가 왜 2017~2018년에 새로운 강세장이 시작된다고 얘기했는지 이 책에서 배우기 바란다. 그의 확신은 굳건하고 추론은 적절해 보인다.

제프리는 이 책에서 세월을 통해 그 유효성이 검증된 시장 패턴을 어떻게 이용할 수 있는지에 관해 상식적인 메시지와 귀중한 교훈을 제공한다. 개인 투자가나 기관 투자가 모두 그의 얘기에 귀 기울여야 할 것이다.

과거를 기억하지 못하는 자는 결국 과거를 되풀이할 수밖에 없지 않겠는가!

더글러스 A. 카스(시브리즈 파트너 매니지먼트 사)

서문

거래나 투자가 쉬워지는 마법의 공식 따위는 없다. 어떤 것도 조사, 경험, 한 줌의 행운을 대신해줄 수 없다. 그러나 체계적 방식의 투자가는 손실을 줄이고 수익을 늘리는 방법을 찾아낼 수 있다. 19세기의 철학자 조지 산타냐는 "과거를 기억하지 못하는 자는 과거를 되풀이할 수밖에 없다."고 했다.

이 말은 내가 나의 아버지 예일 허시Yale Hirsch가 1966년에 창간한 《주식 거래자 연감Stock Trader's Almanac》을 펴내기 위해 시장을 조사·연구할 때마다 늘 되새기는 말이다. 역사적 관점에서 시장을 분석하고 연구하면, 오늘날 시장의 움직임과 시장에서 벌어지는 사건을 역사적 맥락에서 파악할 수 있다. 단기 거래자에게든 장기 투자자에게든 역사적·시기적 패턴과 경향을 알고 있는 것은 유익하며 가치 있는 일이다.

이 책은 거의 50년에 이르는 《주식 거래자 연감》 간행의 역사 동안 공들여 조사하고 확인한 가장 효과적인 지표, 패턴, 계절적 정보를 모아놓은 것이다. 시장의 역사를 연구한 자는 시장에서 이익을 보기 마련이다.

성공한 거래자 혹은 투자자가 되기 위해서는 시장이 정상적인 조건에서 어떻게 움직이는지 알아야 한다. 장기 강세장이든 장기 약세장이든 월스트리트는 시기에 좌우되는 예측 가능한 리듬에 따라 움직인다. 4년마다 있는 미국 대통령 선거, 분기 말 포트폴리오 조정, 옵션 및 선물 만기, 납세 시한, 휴가 같은 반복되는 사건들은 거래자와 투자자들에게 예측 가능한 영향을 미친다.

고지서를 지불하고 여름휴가를 가고 휴일에 쇼핑을 하고 퇴직 연금을 내는 보통 사람들의 일상생활은 시장에 매우 분명한 영향을 끼친다. 인간은 습관의 동물이다. 동료 거래자와 투자자들의 습관을 알면 그전까지는 우연으로 알고 있던 시장의 사건들이 눈앞에서 명백한 결과와 함께 펼쳐질 것이다. "초단타 매매"와 4G 스마트폰 통신이 발달한 오늘날의 세계에서도 오래된 나날의 행동 양식들은 수십 년 전과 거의 똑같은 방식으로 주식시장의 장중 움직임을 지배하고 결정한다.

외국에서 발생했든 국내에서 발생했든 외부적 사건들은 우리의 조상들이 플라타너스 아래 모였을 때 이후로 시장에 줄곧 영향을 미쳐왔다(18세기 말 24명의 주식 중개인이 한 자리에 모여 뉴욕 증권거래소를 세우기 위한 협약에 서명한 곳에 한 그루의 플라타너스가 서 있었다고 함—옮긴이). 오늘날의 지정학적 가마솥 안에서 평화기의 시장과 전시의 시장이 어떻게 다른지 이해하지 못하는 투자가는 기껏해야 다른 사람들의 좋은 먹잇감이나 될 뿐이다. 시장은 결코 매번 똑같은 방식으로 반응하지 않지만, 과거에 시장이 어떻게 움직였는지 알면 미래의 위기 때 더 잘 대처할 수 있다는 것은 분명하다.

그러나 이것을 정밀한 과학이라고 할 수는 없다. 패턴과 경향은 바뀌고 변하기 때문이다. 주요한 문화적 변화와 기술 진보는 지금까지 시장과 시장의 움직임에 심대한 영향을 미쳐왔다. 농업은 1900년부터 1951년까지 8월을 시장에서 최고의 달로 만들어주었다. 하지만 현재 농업에 종사하는 사람은 미국 인구의 2퍼센트도 되지 않고, 이에 따라 8월은 가장 나쁜 달 가운데 하나로 변했다. 또 기술 진보 덕분에 시장에 대한 접근성이 커지는 한편 시장 반응은 상당히 가속화되었다. 1965년 뉴욕 증권거래소에서는 날마다 수백만 주가 거래

되었는데, 지금은 거래량이 수십억 주에 이른다.

과거에 시장이 어떻게 움직였는지 알면, 시장의 중요한 천장과 바닥 때 일어나는 모멘텀 변화를 보다 쉽게 판별할 수 있다. 한 번 한 번의 거래에서 보다 생산적이고 보다 많은 수익을 낼 때 장기 투자는 더욱 빠르게 성장하고 더욱 안전해질 것이다. 《주식투자 최적의 타이밍을 잡는 작은책》은 여러분에게 시장의 행동을 보여줄 것이고, 또 이것을 어떻게 투자 전략에 도입할 수 있는지 보여줄 것이다.

패트릭 헨리가 "자유가 아니면 죽음을 달라."라는 유명한 연설에서 말했듯이, "나는 과거를 통해서가 아니고는 미래를 판단하는 법을 알지 못한다." 시장의 주기와 패턴이 과거와 똑같이 반복되는 것은 아니다. 그러나 우주의 다른 자연 현상들처럼 거기에는 분명 운율이 있다.

나는 이 책에서 무엇이 시장을 움직이게 만드는지 그리고 시장이 인간 및 문화 행동 패턴에 따라 어떻게 움직이는지 그 틀을 여러분에게 제시할 것이다. 나는 융통성 없는 계산법으로 시장의 주기를 파악하려는 사람들의 주장을 맹목적으로 따르지 않는다. S&P 캐피털 IQ에 있는 나의 좋은 친구 샘 스토벌처럼 나는 역사를 길잡이로 삼는다.

주식시장의 주기는 정확하지 않으며 이를 아는 것은 과학인 동시에 예술이기도 하다는 사실을 늘 명심하기 바란다. 모두가 어떤 특정한 주기나 수준 혹은 미래의 결과를 예상하며 누구도 이를 믿어 의심치 않을 때, 시장은 예상되었던 경로를 벗어나 극소수의 시장 참여자들이 기대했던 방향으로 흘러가기가 십상이다.

일단 투자와 거래에 관한 여러분의 사고에 이런 주기와 패턴의 개념을 깊이 새겨 넣었다면, 이제는 현재의 실재하는 요소들로 주의를 돌려야 한다. 상식과 기술적 지표들, 펀더멘털, 역발상 사고를 활용하면 미래의 성공을 기대할 수 있을 것이다.

조심히 거래하고 현명하게 투자하고 역사를 길잡이로 삼으라!

제프리 A. 허시

차례

:: 추천의 글 • 4
:: 서문 • 7

1장 강세장 약세장 판별하기 • 15
"우리는 지금 장기 약세장의 끄트머리에 와있다"

2장 전쟁이 끝나면 상승장이 온다 • 29
"부시의 '테러와의 전쟁' 완료 선언과 함께 다우지수가 상승했다."

3장 20세기 전체의 주가 사이클 • 45
"금융 공황에서 폭발적 호황까지 주식시장은 롤러코스터를 경험했다."

4장 슈퍼 붐이 다가오고 있다 • 75
"2018년까지 횡보장이 끝나고, 2025년 다우지수는 38,820까지 상승할 것이다."

5장 주식시장과 대통령 선거의 은밀한 관계 • 103
"1913년 이후, 다우지수는 늘 대선 다음 해에 고점을 찍고 평균 20.9% 하락했다."

6장 주식하기 좋은 최고의 6개월 • 133
"1950년 이후, 수익이 최고로 높은 달은 11월부터 4월까지였다."

7장 마녀의 계절엔 단기 수익을 올려라 • 147
"3월의 트리플 위칭 주간에는 항상 단기 고점이 형성된다."

8장 연중 매수하기 가장 좋은 세 달 • 159
"1950년 이후, 8월부터 10월 사이에 약세장 바닥의 58%가 무너졌다"

9장 주식시장은 겨울을 좋아한다 • 175
"1950년 이래 다우, S&P 500, 나스닥은 모두 11월, 12월, 1월에 상승했다."

10장 인내하고 기다렸다가 4월에 팔아라 • 203
"4월은 지난 62년간 다우지수가 가장 좋은 실적을 낸 달이다"

11장 남들 휴가 갈 때 같이 쉬어라 • 215
"1950년 이후 7월에 지수가 대폭 상승한 적은 없었다."

12장 공휴일 전후를 노려라 • 229
"1990년 이후 매년 12월 22일부터 1월 3일까지는 늘 상승장이었다"

13장 금요일에는 팔지 마라 • 251
"약세장일 때 금요일은 한 주 중 최악, 월요일은 두 번째로 나쁜 날이다"

14장 3박자가 맞을 때 움직여라 • 265
"계절, 강력한 지표, 완벽한 타이밍이 역사가 검증한 투자 3요소이다"

:: **감사의 말** • 287

1장

강세장 약세장
판별하기

"우리는 지금
장기 약세장의 끄트머리에 와있다."

"밀물 때는 모든 배가 떠오른다." 이 말을 들어보았는가? 이 말이 경제와 금융시장을 두고 한 애기일 경우, "번영기에는 모두의 삶이 나아지고 강세장에서 주가가 대부분 상승한다."는 뜻이다. 역으로 썰물 때는 모든 배가 하강한다. 이때는 대부분의 사람들이 경기 후퇴의 고통을 맛보고 약세장이 주가를 대부분 끌어내린다.

"금융 천재는 다름 아니라 상승하는 주식시장이다."라는 말도 있다. 이 말은 내가 시장을 정확하게 예측할 때마다 생겨나는 교만을 억누르기 위해 늘 마음속에 담아두고 있는 또 다른 경구다. 이 말을 처음 했다고 알려진 사람은 유명한 경제학자 존 케네스 갤브레이스와 전설적인 투자가 존 템플턴

경 두 명이다. 이 말을 다른 식으로 표현하자면, "머리와 시장을 혼동하지 마라."는 것이다. 이는 강세장에서 번 것을 자기 머리가 좋아서 번 것으로 혼동하지 말라는 뜻이다.

주가와 투자 포트폴리오의 가치에 가장 큰 영향력을 미치는 문제는 지금이 강세장이냐 아니면 약세장이냐는 것이다. 따라서 투자자들에게는 이 두 시장을 어떻게 구별하느냐가 매우 중요하다. 2008년 여러분의 포트폴리오는 어떻게 되었는가? 여러분이 공매도 거래에 주력하는 슈퍼스타급 헤지펀드 매니저가 아니라면, 여러분의 포트폴리오는 반 토막이 났을 가능성이 크다. 대부분의 투자자 그리고 심지어 일류 펀드 매니저조차 그런 결과를 맞았다. 하지만 여러분이 나처럼 일찍 충격을 받고 빨리 행동에 나섰다면, 손실을 최소화하여 채권과 현금을 움켜쥐고 폭풍우를 헤쳐 나갈 수 있었을 것이다.

지금이 강세장인지 약세장인지 판단하는 것만큼 중요한 것은, 어떤 형태의 강세장 혹은 약세장인지 아는 것이다. 논평가들은 다양한 용어를 사용하여 시장을 설명하는데, 이 용어들이 무엇을 뜻하는지 아는 것이 중요하다. 우리는 현재 장기 약세장에 있고 이런 상황은 2000년부터 이어져오고 있다. 이 말이 뜻하는 것을 여러분은 알고 있는가?

장기 약세장의 뜻을 설명할 수 있는가?

지금 우리는 새로운 장기 강세장의 여명에 와 있는 것일까? 아니면 2000년 이후 우리가 처해 있는 장기 약세장 가운데서 단순히 단기적인 주기적 상승을 경험하고 있는 것일까? 이 중요한 질문에 답한다면, 가까운 몇 년간의 미래에 시장이 어떻게 움직일지 더 잘 이해할 수 있게 될 것이다. 시장을 설명하는 용어에 익숙지 못하다면, 이제 한번 알아보도록 하자.

먼저 두 가지 중요한 정의부터 시작하자. 장기와 단기에 관한 정의다. 장기와 단기라는 말은 각각 오랜 기간과 짧은 기간을 가리키지만, 시장과 관련될 경우 그 의미가 모호해진다. 금융시장이 엿가락처럼 제멋대로인 탓이다. 금융시장은 불완전한 인간들에 의해 움직인다는 것을 기억하기 바란다. 오늘날 대부분의 거래가 컴퓨터로 이루어진다고 해도, 이런 컴퓨터와 컴퓨터에 의해 구동되는 소프트웨어는 필요와 욕구, 소망, 조바심, 질투, 복수심, 사랑, 증오 따위로 가득한 감정적인 피조물들에 의해 고안되고 창조되었다. 독자들도 무슨 소리인지 알 것이다.

따라서 장기와 단기 주식시장 패턴들은 다른 많은 분야보다 느슨한 규칙에 따르고 쉽게 달라질 수 있다. 강세장과 약세장의 정의에 관해서는 많은 논란이 있었다. 그러나 간단히 말해, 장기 시장은 보통 10년 이상 지속된다. 단기 시장은 10년 미만이며, 대개 5년도 채 안 된다. 20세기에서 가장 긴 단기장은 1990년 10월부터 1998년 7월까지 거의 8년간 지속되었다.

네드 데이비스 연구소의 유명한 연구팀은 다우존스 산업평균지수가 50달력일 뒤 30퍼센트 상승했을 때 혹은 155달력일 뒤 13퍼센트 상승했을 때를 강세장으로 정의했다. 이와 비슷하게 약세장은 다우존스 산업평균지수가 50달력일 뒤 30퍼센트 하락하거나 145달력일 뒤 13퍼센트 빠졌을 때로 규정했다. 1965년 이후에는 시장에 밸류라인지수의 30퍼센트 반전이 일어났을 때도 강세장 혹은 약세장에 포함시켰다.

S&P Standard&Poor's는 주가가 20퍼센트 상승하거나 감소할 때 상승 주기 혹은 하락 주기로 본다. 주가의 20퍼센트 상승 또는 하락은 가장 중요한 기준이지만, 고려해야 할 또 다른 이차적인 문제들(기간, S&P 500과 장기 이동평균의 관계 등)도 있다.

그러나 장기 강세장과 약세장을 정의하기 위해서는 틀에서 벗어난 사고가 요구된다. 내 생각에, 장기 시장은 대략

8~20년간 지속된다. 나는 장기 강세장을 주식시장이 연속적으로 새로운 고점과 더 높은 저점을 형성하는 기간으로 정의한다. 장기 약세장은 대개 긴 군사 행동이나 금융 위기에 영향을 받고, 이때 시장은 의미 있는 새로운 고점에 도달하는 데 실패한다(2장에서 우리는 전쟁과 평화가 시장에 어떤 영향을 미치는지 논의할 것이다). 또한 강세장이든 약세장이든 장기 시장은 그 안에 포함되어 있는 단기 강세장과 약세장을 분석해봄으로써 그 성격을 알 수 있다.

다우지수의 움직임에 주목하라

그림 1.1에서 시장은 다우존스 산업평균지수가 만들어진 1896년 이후 8개의 장기 구간으로 나눌 수 있다. 장기 하락 추세는 색 박스로 표시했다.

4개의 장기 강세장은 1896~1906년, 1921~1929년, 1949~1966년, 1982~2000년이다. 4개의 장기 약세장은 1906~1921년, 1929~1949년, 1966~1982년, 2000년~현재다. 우리는 그러고 나서 장기 강세장 내의 단기 강세장과 약세장들을 찾아 장기 약세장의 경우와 비교해보았다.

그림 1.1 1896년 이후의 장기 시장 추세

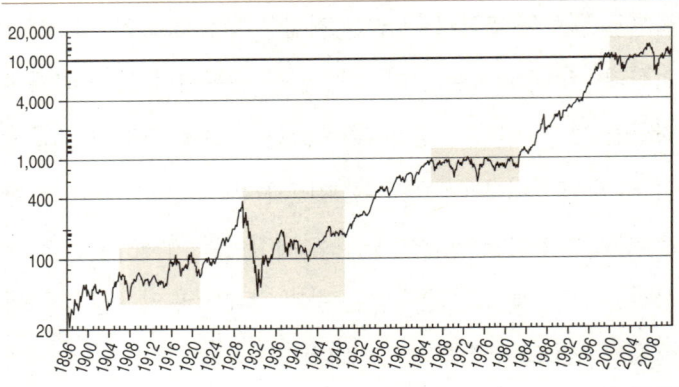

그림 1.2 1896년 이후 다우존스 산업평균지수의 장기 시장 평균

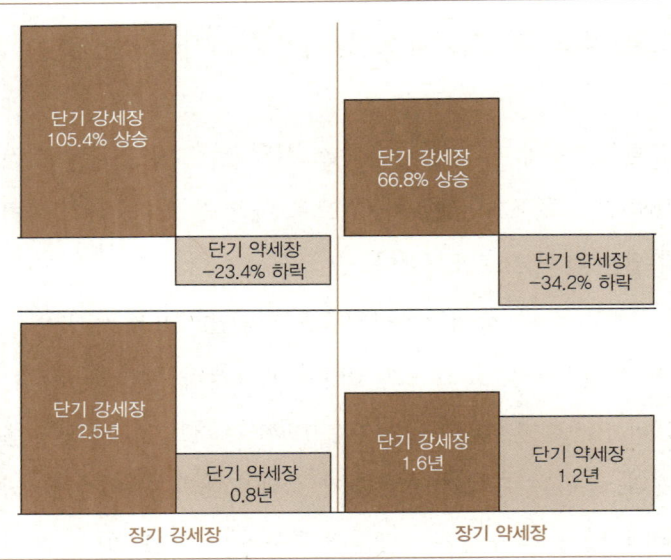

1896년 이후, 다우지수는 장기 강세장 동안 형성된 단기 강세장에서 평균 105.4퍼센트 상승했다. 장기 강세장의 단기 강세장은 장기 약세장에서보다 평균적으로 상승 폭이 60퍼센트 더 컸으며 기간은 거의 두 배였다. 단기 약세장은 장기 약세장에서 평균적으로 하락 폭이 50퍼센트 더 컸고 기간은 대략 두 배였다(그림 1.2 참조).

폭넓게 보았을 때, 제2차 세계대전 이후 장기 약세장에서는 단기 약세장의 상승이 약해졌다. 제2차 세계대전은 경제와 시장에 지각변동을 일으켰다. 전쟁이 있기 전까지 미국은 농업 경제국이었으나, 그 뒤 군산복합체이자 기술 주도 국가로 탈바꿈했다. 미국이 21세기에 또 어떤 나라가 될지는 앞으로 두고 볼 일이다.

일반적으로 장기 강세장은 짧고 변변치 않은 단기 약세장과 길고 강력한 단기 강세장으로 이루어져 있다. 이와 반대로, 장기 약세장은 약하고 금세 사그라지는 단기 강세장과 길고 가파른 단기 약세장을 보여준다. 이런 단기 약세장에서는 반등 실패와 투매가 일어나고 바닥에서 비이성적인 거래가 횡행하며 종종 대중은 주식에 대해 아예 흥미를 잃어버린다.

우리는 2000년의 천장 이후 현재까지의 시장을 장기 약세장으로 본다. 2000년 이후 2011년까지 다우지수는 각각

29.7%, 31.5%, 53.8%, 16.8%다 하락한 4차례 단기 약세장과 29.1%, 94.4%, 95.1%가 상승한 3차례 단기 강세장을 경험했다. 이번 장기 약세장에서는, 장기 약세장 사상 최장의 단기 강세장이 형성되었을 뿐 아니라 1929~32년 이후 최악의 단기 약세장이 생겨났다. 2009년 3월부터 2011년 4월까지 있었던 95.7퍼센트의 다우지수 상승은 엄청났는데, 이 2년 조금 넘는 기간은 단기 강세장의 평균에 해당한다. 이 시기는 1929~49년 장기 약세장 가운데 형성되었던 1934~37년과 1942~46년(제2차 세계대전 기간)의 단기 강세장을 떠올리게 한다. 나는 우리가 대공황만큼 긴 약세장에 들어와 있다고 생각하지는 않는다. 하지만 그렇다고 새로운 장기 상승 추세가 이미 시작되었다고 확신하는 것은 아니다.

장기 강세장은 도래한다, 언제?

우리는 다우지수가 태어난 이후 강세장과 약세장의 역사에 대해 배웠다. 따라서 이제 우리가 정말로 알고 싶은 것은 잔존하는 금융 위기의 공포에서 우리를 벗어나게 해줄 다음번의 거대한 장기 강세장이 언제 시작되는가 하는 것이다. 새로운 장기 강세장이 출현하여 지속적인 번영을 구가하기 위해서는 우선 상대적인 평화의 기간이 길게 지속되어야 한다.

한 가지 문제는 미국이 여전히 아프가니스탄 전쟁에 발을 담그고 있다는 것이다. 희소식은 아프가니스탄에 주둔한 미군 병력이 줄어들고 있다는 사실이다. 그리고 빈 라덴이 이 세상에서 사라졌고, "아랍의 봄"이 일어났으며, 테러와의 전쟁이 더 이상 커질 기미는 보이지 않는다는 점이다. 물론 순진하게 아프간 지역과 또 다른 분쟁 지대에서 우리의 문제가 끝났다고 생각할 수는 없다. 그러나 적어도 전투 병력의 해외 주둔이 줄어들고 있고, 전쟁이 신문 기사의 헤드라인을 독차지하는 일도 더 이상은 찾아볼 수 없다.

전쟁은 그전에 있었던 모든 장기 약세장에서 볼 수 있었다. 1906~1921년은 제1차 세계대전, 1929~1949년은 제2차 세계대전, 1966~1982년은 베트남 전쟁이 그 기간 내에 있었다. 장기 약세장이 시작되는 데 전쟁이 꼭 필요한 요소는 아니지만, 전쟁이 종료되고 전후 인플레이션이 효과를 발휘하기 전까지는 새로운 장기 강세장이 시작되지 않았다.

마지막으로, 이전의 모든 장기 상승 추세에는 기술 진보 혹은 문화적 변화로 인한 패러다임의 중대한 전환이 수반되었다. 1896년에 이르면, 철도가 해안과 해안을 연결하여 유례없이 많은 사람들이 오갔고, 상업과 무역이 번성했다. 광란의 20년대에는 유성 영화의 출현이 사람들을 흥분시켰고, 린드버그와 에어하트는 대서양 횡단 비행으로 세계를 매료시켰으며, 자동차는 중산층을 일상에서 해방시켰다.

제2차 세계대전 이후 주가 상승기에는 소비주의가 득세했고, 베이비붐으로 인구가 폭발적으로 성장했다. 이때 미국은 유럽과 일본의 재건을 도왔다. 우주 탐사 계획과 수많은 산업 기술 혁신은 성장에 박차를 가했으며, TV는 전세계의 사람들을 하나로 연결시켰다. 정보의 시대는 1980년대와 1990년대의 초강세장에 동력을 제공했다. PC와 원거리 통신, 인터넷 덕분에 개인과 사회는 능력을 마음껏 펼칠 수 있었다. 다음번의 장기 강세장을 뒷받침하는 것이 무엇이 될지는 오로지 미래만이 알려줄 수 있을 것이다.

미국의 행보에 주목하라

현재 우리는 어디에 와 있는 것일까? 새로운 유용한 기술이나 문화적 변화가 일어날 조짐은 없고 미군은 여전히 해외의 군사 행동에 깊이 관여해 있으므로, 아직 전망은 확실치 않다.

미국이 마침내 이라크와 아프가니스탄에서 빠져 나오고 또 군대를 이란이나 또 다른 어딘가에 파병하지 않는다면, 그리고 새로운 중대한 혁신이나 생활방식이 세계를 뒤바꾼다면, 새로운 장기 상승 추세가 시작될 것이다. 하지만 당분간 시장은 현재의 거래 범위에서 벗어나지 못할 가능성이 매우 크다. 이번 장기 약세장에서는 앞으로 5~6년 동안 20~30퍼센트의 주가 하락을 낳을 한두 차례의 단기 약세장이 형성될 것으로 예측된다.

Summary Note

- 주가에 가장 큰 영향을 미치는 한 가지 요소는 시장이 현재 강세장이냐 약세장이냐 하는 것이다.
- 장기 시장 추세는 대개 8~20년간 지속된다. 단기 시장 추세는 그 기간이 수개월에서 수년 정도 지속될 수 있다.
- 장기 강세장 중에는 단기 약세장이 대개 짧고 미미하다. 단기 강세장은 길고 강력하다.
- 장기 약세장 중에는 단기 강세장이 보통 짧고 규모가 크지 않다. 단기 약세장은 길고 규모가 크다.

2장

전쟁이 끝나면
상승장이 온다

"부시의 '테러와의 전쟁'
완료 선언과 함께
다우지수가 상승했다."

주식시장에 지속적인 영향을 미치는 가장 중요한 요소는 의심의 여지없이 전쟁이다. 역사적으로 볼 때, 미국이 상당한 규모의 군사 작전을 지속적으로 전개하고 있는 동안에는 주식시장이 크게 상승한 사례가 없다. 2001년 9월 11일의 테러 이후 10년을 끈 외국과의 전쟁이 바야흐로 막을 내리려 한다는 사실은 시장에 좋은 징조다.
 그러나 이 점은 오늘날의 시장에만 해당되는 게 아니다. 전쟁과 평화 그리고 인플레이션의 영향은 지난 두 세기와 그 전에도 호황과 불황의 순환을 낳는 중요한 원인이었다. 전시에 시장이 일정 범위에 묶이고 평화 시에는 높이 날아오르는 이유는 무엇일까? 답은 인플레이션이다. 전쟁 동안 정부의 국고는 텅 비어버린다. 정부는 전시에 국내 문제나 경제보다는 해외나 전쟁 관련 문제에 신경을 쏟는다. 그 결과 물가가 계속 상승한다. 경제가 안정되고 정부와 국민이 국내 문제에 다시 관심을 가질 때만 주식시장은 새로운 고점을 향해 치솟는다.

인간은 습관의 생물이다

인간의 역사는 경제의 호황과 불황 그리고 사회의 흥망에 관한 이야기들로 점철되어 있다. 수천 년 전부터 복잡한 문명은 거대한 조직을 이루고 혁신적인 기술을 발전시키고 교육·문학·수학·과학·철학 분야에서 문화적 업적을 이룩했으나, 결국 멸망의 길로 걸어갔다. 로마가 멸망하고 나서, 암흑시대가 5세기 동안 유럽을 뒤덮었다. 한(漢)나라도 몰락했고, 마야 문명은 사라졌으며, 소련은 붕괴되었다. 기술상의 엄청난 진보도 현대 문명을 운명의 변전으로부터 지켜주지 못했다. 전쟁과 금융 위기는 20세기에 인류에 더 큰 영향을 미치는 힘이 되었고, 21세기에 와서는 더욱 더 그렇다고 해야 할 것이다.

고대의 창의성과 관습은 현재 번영을 누리고 있는 문화와 사회에 뚜렷한 자취를 남겼다. 조상들이 살았던 곳에 거주하고 있는 현재의 사람들은 이런 고대의 유물을 경이와 찬탄의 시선으로 바라보고 있다. 파라오는 오래전에 사라졌지만, 관광객과 고고학자들은 여전히 기자의 피라미드를 찾고 있다. 멕시코인들은 여전히 아스텍의 창조 신화에 등장하는 케찰코아틀이라는 깃털 달린 뱀 신을 기린다. 멕시코에서 북동쪽으로 52킬로미터 떨어져 있는 테오티우아칸에서는 캘리포니아의 히피들이 태양의 피라미드에서 태양 숭배 의식을 거행한다. 태양의 피라미드는 1세기에 지어진 세계에서 세 번째로 큰 피라미드다.

고전 그리스 문화는 서구 문명에 스며들어 있고, 유럽 제국주의의 영향은 아직도 전세계에 남아 있다. 미국 전역의 복합 쇼핑센터와 헬스클럽에서 사람들이 하고 있는 요가는 현재 파키스탄, 인도, 아프가니스탄, 이란에 둘러싸여 있는 인더스 문명의 탄생지에서 4,000~5,000년 전에 시작된 전통적인 심신 수련법에 그 뿌리를 두고 있다. 이 모든 놀라운 역사를 통해 인간의 조건은 때론 폭발적인 변화를 겪었고 때론 안정한 상태에 머물러 있었다.

암흑시대 이후에는 중세의 정복 전쟁, 야만족의 침략, 십자

군 원정, 종교적 광신의 오랜 기간이 뒤따랐고, 이어 르네상스, 계몽주의 시대, 두 차례 산업혁명, 철도 붐, 금박 시대(남북전쟁 후의 대호황 시대—옮긴이)가 찾아왔다. 18세기와 19세기의 급격한 경제 팽창은 많은 전쟁, 공황, 경기 침체로 얼룩져 있다.

미국 혁명과 이 위대한 나라의 탄생은 엄청난 인플레이션을 낳았고, 이어 1783년부터 1792년까지 9년간의 번영과 세계 평화가 뒤따랐다. 하지만 그 뒤의 국제적 분쟁과 사회적인 갈등은 세계에 먹구름을 드리웠다. 산업가, 기업가, 재계의 거물들은 기술의 놀랄 만한 진보로 엄청난 부를 획득했다. 그러나 전쟁과 금융 공황은 중산층의 발달을 억제시켰다. 미국 남북전쟁에 의해 일어난 대규모 인플레이션은 1863년부터 1873년까지의 재건 시기에 도움이 되었다. 1869년에는 대륙 횡단 철도가 완성되어 미국의 해안과 해안을 연결하게 되었다.

1873년의 금융 공황은 1896년까지 지속된 세계적인 불경기를 낳았다. 이 시기를 미국에서는 장기 침체기 Long Depression 라고 부른다. 미국의 전국경제조사국에서는 1873년 10월부터 1879년 3월까지 65개월의 기간을 그들의 기록 가운데서 가장 긴 침체기로 보고 있다. 그야말로 대공황의 43개월이라는 경기 침체 기간이 무색해진다. 1873년의 공황 때와 비슷하게, 맹렬한 투기, 과도한 철도 건설, 의심스런 금융 관행이 1893년에 또 다시 경기 침체를 불러왔다. 이로 인해 그 뒤 5~6년간 실업률이 두 자릿수로 치솟았다.

19세기가 막바지에 이르렀을 때, 전신, 철도, 전화, 내연기관, 자동차, 원양 정기선, 전구, 라디오가 몇몇 사람들이 말한 "사상 최고의 세기"를 위한 토대를 마련했다. 전쟁과 평화, 호황과 불황, 인플레이션과 기술 혁신은 언제나 경제, 부, 시장에 영향을 미쳐왔다. 그러나 1895년 5월 26일 다우존스 산업평균지수가 처음 만들어졌을 때에서야, 우리는 처음으로 객관적으로 번영의 증감, 경제적 건전성의 수준, 성장의 전망을 실시간으로 그리고 장기적으로 측정할 수 있는 일관성 있고 추적 가능한 지표를 손에 넣게 되었던 것이다.

그때까지 고안된 가장 중요한 금융 시장 평가 기준으로서 이 다우존스 산업평균지수는 그 뒤 몇 십 년 동안 계속 진화했다. 1913년에는 연방준비제도가 창설되어 미국에 중앙은행 시스템이 갖추어졌다. 미국의 유머 작가 윌 로저스는 "태초 이후 위대한 발명이 세 가지 있었다. 불, 수레바퀴, 그리고 중앙은행이다."라고 빈정댄 적이 있다.

역사는 결코 똑같이 반복되지 않는다. 그러나 20세기에 일어난 세 차례 주요 전쟁 동안 주식시장이 어떻게 움직였는지 알면, 이라크와 아프가니스탄에서 끝나가고 있는 전쟁 그리고 더 폭넓은 테러와의 전쟁, "아랍의 봄"이라는 현 상황 가운데서 시장의 움직임에 관한 중요한 통찰을 얻을 수 있다. 아랍의 봄은 2010년 12월 튀니지에서 시작되어 아랍 세계를 휩쓴 시민 혁명의 물결이다. 이 운동은 현재도 진행 중에 있으며, 시리아에서 일어난 사태가 특히 잘 알려져 있다.

주식시장에는 전쟁특수가 있다

다우지수는 전시에 고점이 계속된 적이 없다. 중요한 돌파가 일어나지 않은 것은 투자가들의 열정이 죽어버린 탓이다. 시장이 거래 범위를 돌파하려고 할 때마다, 전쟁이나 또 다른 위기에 수반되는 부정적인 외부 사건이 불가피하게 발생하여 열정에 찬물을 끼얹는 것이다(경기 순환 주기나 경제적 취약성, 혹은 정치적 상황으로 인해 이미 그런 일이 일어나지 않았다면). 시장이 잠시 전고점을 뚫은 적도 있다. 1973년과 2007년에 그런 일이 일어났다. 그러나 이런 움직임은 오래 가지 못하고 끝나버렸다.

군수품은 시장을 지탱시켜준다. 다시 전쟁이 터졌다는 데 충격을 받은 시장은 전쟁 초반에는 전전의 저점 혹은 전쟁 소식과 함께 만들어진 저점 근처에서 바닥을 형성한다. 그러나 정부의 지출, 투자자들의 저가 매수 공세, 과거로부터 이어져온 미국인의 자존심이 시장이 이런 초기의 저점에서 크게 이탈하지 않도록 막아준다. 1914년 7월 30일 제1차 세계대전이 발발했을 때, 다우지수는 그날 하루 6.9퍼센트가 빠져 52.32가 되었다(이 포인트는 1916년 다우존스 산업평균지수 구성 종목이 12개에서 20개로 바뀐 것을 되돌려 반영한 값이다). 이런 저점은 제1차 세계대전 뒤 1932년과 1933년에 세계가 대공황의 깊은 늪에 빠지기 전까지는 다시 볼 수 없었다.

제2차 세계대전 이전인 1938년 3월 31일에 기록된 98.95의 저점은 1942년 4월 28일 1퍼센트에도 못 미치는 차이로 갱신되었다. 이날은 일본이 진주만을 공습한 지 4개월하고도 3주가 지난 때였다. 이날 물가관리청은 미국 내 대부분의 상품과 서비스 가격을 동결시켰고, 프랭클린 루스벨트 대통령은 21번째의 "노변담화"를 발표했다. 그의 노변담화는 1933년 3월 대통령 취임식 직후부터 1944년 6월의 디데이 때까지 모두 30차례 있었다. 어쨌든 "희생에 관하여"라는 제목의 이날 노변담화에서 미국 대통령은 태평양에서 입은 손실과 유럽에서 계속되는 불확실성을 집중적으로 얘기했다. 그는 미국인들에게 전쟁 동안 단호한 의지를 잃지 말 것을 요청했고, 전쟁을 위한 국가의 필요를 충족시키려면 그들 모두가 희생을 감당해야 한다고 설득했다.

케네디 대통령이 강철 가격 상승을 강력히 억제했을 때 월스트리트는 동요를 일으켰다. 다우지수는, 1962년 6월 27퍼센트 폭락하여 535.76이 되었다. 이런 저점은 그해 말의 쿠바 미사일 위기, 베트남 전쟁, 1970년대 스태그플레이션, 1980년대 초반의 더블 딥 때까지 줄곧 유지되었다.

시장은 좋은 뉴스가 있을 때 상승하고 나쁜 뉴스가 있을 때 하락한다. 또 시장은 전시 초기에 보다 민감하게 반응하는 경향이 있다. 긴 전쟁이 막바지에 이르면, 투자가들은 뉴스에 좀 더 무신경해지고, 시장은 종전을 예상하며 최고가를 기록한다. 이에 따라 평화가 찾아오면 불가피하게 실망의 분위기가 형성되고 보통 단기 하락이 발생한다.

전시의 대통령은 선거에 지는 법이 없다. 대통령들은 외국과의 전쟁에 요구되는 정치적 결정들을 대선 일정에 맞추는 경향이 있다. 인기를 끌지 못할 결정은 재선 뒤로 미루고 좋은 소식은 되도록 선거 전에 발표하는 것이다. 현 정부는 언제나 상황이 나아지고 있다는 말만 되풀이하는 반면, 야당의 대선 주자는 늘 변화를 요구한다. 국내 문제, 여당의 약한 후보, 대통령에 대한 낮은 지지율, 현직 대통령 또는 강력한 부통령이 대선에 참여하지 않은 점으로 인해 2008년에는 야당이 백악관을 차지했다. 1920년의 하딩이나 1932년의 루스벨트, 1968년의 닉슨처럼, 오바마는 나라가 변화를 요구할 때 집권했다. 앞으로 두고 볼 일이지만, 2012년도 과거의 상황과 다르지 않을 것이다.

시장은 2000년 닷컴 버블의 붕괴 이후 거래 범위 안에 묶여 버렸고, 2003년 3월 19일에는 이라크 전쟁이 터졌다. 많은 반등과 반락이 있었으나 2000년 이후 주식시장에서 실질적인 진전은 전혀 없었고, 1997년 4월 기록된 6391.69의 다우지수 저점은 아직 깨지지 않고 있다. 전고점과의 영원한 작별을 보여주는 움직임은 일어나지 않았다. 사실 되돌아볼 때, 다우지수는 미국이 참전한 모든 주요 전쟁 사이사이에 계속해서 500퍼센트 이상 상승했던 것이다.

그림 2.1은 우리에게 큰 그림을 보여준다. 여기에는 다우지수와 소비자물가지수가 함께 그려져 있다. 색으로 표시한 부분은 제1차 세계대전, 제2차 세계대전, 베트남 전쟁 때 장기 거래 범위에 갇혀 있는 시장을 나타낸다. 길고 대규모적인 호황과 강세장은 다우지수의 상승치와 함께 표시되어 있

그림 2.1 인플레이션과 지수 상승

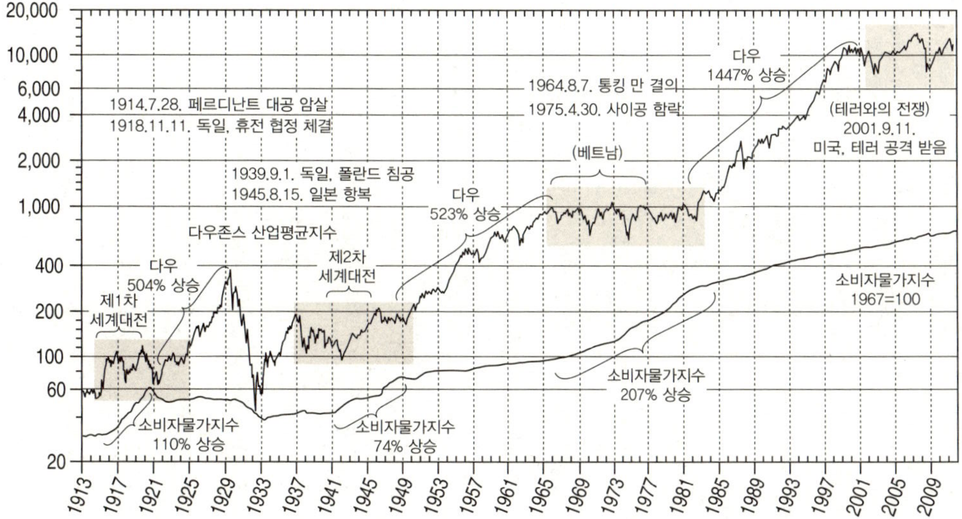

출처: 《주식 거래자 연감》
소비자물가지수 출처: 노동통계국

다. 전쟁과 인플레이션, 그리고 이에 뒤따르는 시장의 상승 사이에서 볼 수 있는 상호관계는 무시하기 어렵다. 전시 밀집 구간의 거래 범위는 대략 비슷한 비율을 보인다. 이런 밀집 구간이 다우지수를 500퍼센트 상승시킨 발사대 역할을 했다. 인플레이션과 뒤이은 지수 상승의 관계는 명백하다. 제1차 세계대전의 인플레이션(110퍼센트 물가 상승) 뒤 1920년대 주가가 504퍼센트 상승했다. 제2차 세계대전의 인플레이션(74퍼센트 물가 상승) 다음에는 다우지수가 523퍼센트 상승했다. 마지막으로, 베트남 전쟁(그리고 OPEC의 석유 수출 금지와 1970년대의 악명 높은 스태그플레이션)으로 인한 200퍼센트가 넘는 물가 상승과 뒤이은 대규모 강세장은 모든 투자자들에게 경고인 동시에 희망적인 교훈이 될 것이다.

주식시장은 어디로 움직일까? 위로? 아래로?

2002년 9월은 현재 12년째 계속되고 있는 장기 약세장의 첫 번째 주요 하락이 일어난 때다. 나는 이때 또 한 차례의 500퍼센트 주가 상승을 위한 도약대가 마련되고 있다는 사실을 처음으로 깨달았다. 그 뒤 8년 동안 나는 시장이 긴 횡보장에서 벗어나지 못할 것이라는 글을 여기저기에 써댔다. 그리고 마침내 2010년 5월 처음으로 슈퍼 붐에 관한 예측을 하기에 이르렀던 것이다.

이전까지의 전쟁과 평화, 그리고 인플레이션 시장 주기에 근거한 분석에 따르면, 다우지수는 2017년 혹은 2018년까지 그림 2.1에서 볼 수 있는 현재의 거래 범위 내에 묶여 있을 것이다. 하지만 그때쯤 되면 미국의 대규모 군사 행동은 끝이 나고, 세계는 상대적인 평화기를 맞을 것이다. 인플레이션은 증가하다가 안정을 찾을 것이다. 그리고 아직 개발되지 않은 어떤 신기술이 그전의 자동차나 TV, 마이크로프로세서처럼 바야흐로 세계를 변화시키려 하고 있을 것이다.

우리가 처음에는 제대로 인식 못 할지도 모르지만, 다음 번의 경제 붐은 어쨌든 나타나게 될 것이다. 그러면 시장은 500퍼센트 상승하여, 2025년에 이르면 다우지수는 38,820포인트에 도달할 것이다. 1974년의 바닥에서부터 붐이 일어나는 데 8년이 걸렸으며, 이어 다우지수가 500퍼센트 상승하는 데 다시 8년이 걸렸다. 2009년 3월 6일 6,470포인트의 장중 저가에서 500퍼센트가 상승하면 다우지수는 2025년에 38,820포인트가 될 것이다. 이 숫자는 터무니없어 보일지 모르지만, 2011년의 종가인 12,218포인트에서 해마다 8.6퍼센트 상승한 값이다. 8.6퍼센트는 과거 기록을 따져보았을 때 주식시장의 연간 평균 상승률을 넘지 않는다.

> **Summary Note**
>
> - 전쟁, 평화, 인플레이션은 주식시장에 매우 분명한 영향을 미친다. 이들 요소는 호황과 불황의 주기 그리고 장기 강세장과 약세장을 결정짓는 기본 토대다.
> - 전시에 시장은 일정 거래 범위 안에 머물며 새로운 고점을 유지하지 못한다. 전쟁이 끝나고 물가가 안정되면, 평화와 혁신에 의해 경제 붐이 일어난다. 시장은 인플레이션을 따라잡으면서 종종 500퍼센트 이상 상승한다.

3장

20세기 전체의 주가 사이클

"금융 공황에서 폭발적 호황까지
주식시장은 롤러코스터를 경험했다."

　기억의 길을 따라 20세기의 역사를 되돌아보면, 오늘날 좀처럼 나아지고 있지 않은 경제 침체와 격랑 같은 지정학적 상황들이 어떻게 귀결될지 전망하는 데 귀중한 도움을 얻을 수 있다. 역사가 정확히 똑같지는 않더라도 반복된다는 사실은 잘 알려져 있다. 현재 상황은 몇 가지 새로운 특징도 있지만 지난 세 차례 불경기의 서로 다른 측면들을 보여주고 있다.
　다음번 호황 국면에는 우리가 상상할 수 없는 몇몇 사건과 더불어 그전의 경기 팽창과 강세장에서 볼 수 있었던 특징들이 나타날 것이다. 과거를 살펴보는 동안, 독자 여러분은 기시감을 경험할지도 모르는데, 이는 미래를 생각해볼 때 얼마간 위안이 될 것이다. 왜냐하면 주가가 다음 10년 안에 새로운 고점으로 도약할 것이기 때문이다. 2007~2009년 금융위기의 여파가 가라앉으면, 정부도 다시 효율적으로 기능하여 성장과 혁신을 촉진하게 될 것이다.

세기의 전환

금융시장은 맹렬하게 요동치며 20세기를 시작했다. 20세기는 투자 여건이 국제적으로 평준화되면서 글로벌 변동성이 상당히 완화되었다. 그러나 초기만 하더라도 그렇지 못했다. 다우지수가 31.5퍼센트나 빠진 1899년 4월부터 1900년 9월의 약세장은 새로운 세기의 징조가 되었다. 유럽의 탄압과 혼란을 피해 이민자들이 미국으로 유입되었다. 1900년만 하더라도 그 수는 시간당 100명에 달했다.

 9개월 동안 짧은 강세장이 지속되면서 다우지수는 40퍼센트 상승했으나, 1901년 공황이 일어났다. 철도 지배권을 둘러싼 갈등으로 인해 주식시장에서 자금이 이탈하며 시장이 붕괴했던 것이다. 그런 뒤에 1903년 "부자의 공황"과 2년간의 경기 후퇴, 그리고 2년 반의 약세장으로 인해 다우지수는 46퍼센트 하락하여 20세기 들어 최저점을 기록했다. 1903년

11월부터 1906년 1월까지는 2년 넘게 강세가 지속되어 다우지수는 144퍼센트 올랐다. 헨리 포드는 1903년 포드 자동차를 설립했다. 하지만 T 모델은 1908년이 되어서야 생산이 시작되었고, 자동차가 세계를 해방시킨 것은 제1차 세계대전이 발발한 뒤의 일이었다. 내연기관은 또한 라이트 형제가 1903년 12월 노스캐롤라이나의 키티 호크에서 비행에 성공할 수 있도록 해주었다.

이런 얼마간의 호황으로 뉴욕의 부동산 가격이 치솟았고, 반독점 전쟁이 시작되었다. 시어도어 루스벨트는 1906년 스탠더드 오일 사를 상대로 반독점 소송을 벌였다. 이 거대 석유 회사는 마침내 1911년 34개 회사로 분할되었다. 1906년 샌프란시스코에서 일어난 지진도 경제에 타격을 주었다. 그 뒤 1907년 일어난 "은행가의 공황" 때문에 다우지수는 1906년 1월부터 1907년 11월까지 거의 반 토막이 났다(48.5퍼센트 하락). 금융 위기 동안 미국 재무성은 주가 하락을 상쇄시키기 위해 채권을 매입했고, J. P. 모건은 주가를 떠받치기 위해 다른 은행가들과 협력하여 유동성을 제공했다. 2008년 연준의 조치 그리고 정부가 주도한 구제 금융과도 크게 다르지 않았다.

다우지수는 그 뒤 2년간 급등했으나 1906년의 고점 바로 아래에서 상승세에 제동이 걸렸다. 장기 약세장이 시작되어 다우지수는 1925년까지 50과 120 사이(종목이 늘어난 1916년의 새로운 다우지수에 맞게 조정)의 거래 범위에 묶여버렸다. 1910년 1월부터 1912년 1월까지 그리고 1913년 1월부터 1914년 12월까지 2년 기간의 더블 딥이 두 차례 일어나 경기가 침체되었다. 이때 연방정부는 여전히 강력한 거대 기업의 고삐를 쥐고 있던 터라, 경제와 시장은 큰 피해를 입었다. 1913년에는 헨리 포드의 이동 조립 공정에서 자동차가 대량 생산되어 광란의 20년대에 슈퍼 붐이 일어나는 터전을 마련해주었다. 제1차 세계대전이 발발하자 뉴욕 증권거래소는 1914년 7월 말부터 그해 12월 초까지 4개월간 문을 닫았다. 재개장 때 거래소는 주가가 폭락하며 깊은 바닥을 형성했고, 이 저점은 대공황 이전까지 깨지지 않았다.

제1차 세계대전

발칸 반도에서 2년간 전쟁이 벌어지고 나서 제1차 세계대전의 불꽃을 당긴 것은 1914년 6월 28일 일어난 오스트리아 프란츠 페르디난트 대공의 암살 사건이었다. 각국의 야망에 따른 합종연횡으로 도미노 효과가 일어나며 전쟁의 불길이 세계 전역으로 번졌다. 뉴욕 증권거래소는 1914년 7월 31일부터 1914년 12월 12일까지 폐장했다. 전쟁이 확대된 것은 대부분 이 시기의 일이었다. 거래소가 재개장한 뒤 미국이 제1차 세계대전에서 중립을 유지하고 그 뒤 2년간 연합군을 지원하자 강세장이 시작되었다.

독일이 1915년 1월 19일 영국을 공습하고 같은 해 1월 28일 미국 화물선이 침몰되자 시장은 잠깐 동안 하락했다. 이어 독일 U보트의 공격으로 영국 여객선 루시타니아 호가 바다에 가라앉아 1,959명의 승객 중 1,198명이 사망했다. 이 사건으로 세계 여론은 독일에 등을 돌렸고, 미국이 참전하는 계기가 만들어졌다. 1916년 1월 독일의 파리 폭격은 시장을 6개월간 충격에 몰아넣었다. 그러나 시장의 재개장 이후 형성된 최초의 강세장이 막을 내린 것은 1916년 11월 우드로 윌슨 대통령이 재선에 성공하고 1916년 12월 독일이 강화를 제안한 뒤의 일이었다. 다우지수는 그전까지 강세장의 흐름을 타고서 1916년 11월 21일에는 110.5퍼센트 상승하여 110.15의 사상 최고치를 경신하기까지 했던 것이다.

그 뒤 13개월간 전쟁이 보다 추악해지면서 다우지수는 40퍼센트 급락했다. 이 시기는 1900년 이후 10차례 있었던 최악의 약세장 가운데 하나로 꼽힌다. 독일은 1917년 1월 전쟁 수역에 들어온 중립 국가의 선박까지 공격하며 무제한 잠수함 작전을 전개하기 시작했다. 1917년 2월 미국은 독일과의 외교적 관계를 끊었고, 같은 해 4월 6일 전쟁을 선포했다.

미국에서 징병은 1917년 6월에 시작되었다. 윌슨 대통령이 1917년 크리스마스 다음날 거의 모든 철도에 대한 통제를 실시하자, 약세장은 바닥을 찍었다. 다우지수는 전쟁이 연합국의 승리로 끝나면서 거의 2년 동안 81퍼센트 넘게 상승했다. 정전 협정은 1918년 11월 11일 일요일(11월 11일은 현재 재향군인의 날로 정해져 있다)에 체결되었다. 그러나 1920년대의 슈퍼 붐은 1921년 8월 미국과 독일 사이에 최종 평화 협정이 맺어진 뒤에 시작되었다.

광란의 20년대

미국이 제1차 세계대전에 참전한 1917년부터 1919년까지 3년간 미국 정부는 지출을 2,500퍼센트 늘렸다. 이로 인해 물가는 두 배 넘게 뛰어 소비자물가지수가 1915년부터 1920년까지 110퍼센트 상승했다. 인플레이션은 1920년대에 진정되었으며, 경제와 주식시장이 물가를 따라잡기 시작했다. 하딩 대통령이 선거 유세에서 약속했듯 정치는 정상 상태로 돌아갔고, 1921년부터 1929년까지 예술가적 창의성과 사회적 관습으로부터의 해방, 금융 투기로 특징지어진 역동적인 9년의 기간 동안 다우지수는 504퍼센트 상승했다. 평화, 인플레이션, 정치적 협력의 분위기, 사회적·문화적 행동의 체계적 변화는 그 바탕을 제공했지만, 이때 호황을 낳은 장본인은 계속하여 쏟아져 나온 유용한 기술이었다.

금주법은 알코올에 대한 욕구도, 음주 자체도 억누르지 못했다. 사실 그것은 조직범죄와 위험한 열정을 낳은 금기였을 뿐이다. 나라에 훨씬 더 긍정적인 영향을 미친 것은 그 다음의 헌법 수정 조항, 즉 여성에게 투표권을 부여한 1920년의 19조 수정 조항이었다. 이 조항 덕분에 여성은 투표를 할 수 있게 되었을 뿐 아니라 새롭게 확립된 평등의 분위기에서 더 많은 여성이 일을 하게 되었다. 이에 따라 많은 가정의 소득이 늘어나 새로운 소비주의 시대에 더 많은 돈을 쓸 수 있게 되었다.

자유방임적 정부의 성장 정책은 산업과 기업이 번영을 누릴 수 있게 해주었다. 그러나 1920년대의 붐에 동력을 제공한 것은 뭐니 뭐니 해도 중산층에 파급된 새롭고 유용한 기술이었다. 자동차의 대량 생산은. 중산층이 이런 차들을 소유할 수 있게 해줌으로써 문화적 패러다임을 변화시킨 가장 중요한 사건이었다. 또한 영화와 라디오는 사람들의 눈과 귀를 사로잡았고, 정부는 차들이 다닐 수 있도록 새로운 도로와 고속도로 건설 사업을 지원했다. 전국 각지에 전선과 전화선이 놓였고, 발전소가 건설되고 해안에서 해안까지 새로운 산업과 기업, 건물이 들어서면서 각양각색의 도시들이 성장했다.

이 모든 팽창과 혁신은 밑도 끝도 없는 낙관의 분위기를 낳아 맹렬한 투기와 무책임한 금융 활동의 불을 지폈다. 1923~1924년과 1927~1928년 두 차례 일어난 상대적으로 온건한 경기 후퇴에도 불구하고, 다우지수는 1923년 10월부터 1929년 9월까지 6년 동안 꾸준히 상승세를 이어갔다. 다우지수가 344.5퍼센트 상승한(1990~1998년의 294.8퍼센트 상승을 뛰어넘는) 마지막 6년 강세장의 절정기에는 개인 투자가들이 대금의 10퍼센트만을 증거금으로 내고 주식을 살 수 있었다.

그 모든 것이 1929년 10월 28일과 29일 무너져 내렸다. 주식 투매로 뉴욕 증권거래소 역사상 최악의 붕괴가 일어난 것이다. 다우지수는 이틀 만에 23.0퍼센트가 빠졌고, 71일 동안 47.9퍼센트 하락했다. 모든 붐은 끝나버렸지만, 그런 드라마틱한 종막은 그야말로 전무후무했다. 고삐 풀린 투기와 금융시장에 대한 느슨한 감시가 어떤 결과를 낳는지 이렇게 역사가 알려주었지만, 우리는 이런 교훈을 아직 제대로 배웠다고 할 수 없을 것이다.

불어 닥친 대공황

71일간 지속된 1929년의 대붕괴는 58년 동안 가장 짧은 약세장으로 남아 있었다. 그 기록을 깬 것은 1987년 10월의 주식시장 붕괴였는데, 이때는 하루 만에 지수가 22.6퍼센트 하락하여 1929년 이틀 동안 일어난 사건과 거의 같은 결과를 초래했다. 그러나 1987년의 검은 월요일은 다우지수의 36.1퍼센트 하락을 낳은 55일 약세장의 끝물에 있었으며, 1980년대와 1990년대 초호황의 작은 얼룩에 불과했다. 반면 1929년의 대붕괴는 하락의 첫 번째 물결이었고, 뜨뜻미지근했던 5개월간의 강세장은 1930년 4월이 되자 동력을 잃어버렸다.
 윤리적 악폐와 금융 사기가 월스트리트에 만연하면서 다시 시장 붕괴가 일어났다. 1920년대 10년 동안 이어진 지수적 경제 팽창, 주식시장의 급등, 고삐 풀린 투기 뒤에 하루 만에 수십억 달러의 부가 사라져버리자, 투자가들은 이후 수년 동안 시장에 대한 불신에서 벗어나지 못했다. 주가 하락은 너무도 급속하고 통렬했기 때문에 상거래를 궤멸시키고 기업 파산, 폐업, 회수 불능의 대출금, 실직, 소비자 지출 감소, 은행 도산, 심각한 디플레이션을 낳았다.

1930년에는 큰 한발이 들어 캐나다에서부터 텍사스에 이르는 북아메리카 대초원 지대가 황폐화되기 시작했고, 이에 따라 농산물 가격이 치솟았다. 조악한 농업 관행으로 인한 건조화에다 이런 한발이 겹쳐지면서 먼지 폭풍이 생겨났다. 텍사스와 오클라호마 지역에서는 1930년부터 1936년까지 1억 에이커의 땅이 피해를 입었다. 주가는 현대 역사의 다른 어느 때에서도 볼 수 없을 정도로 곤두박질쳐, 후버 대통령의 임기 4년 내내 두 자릿수의 비율로 엄청난 하락이 일어났다. 다른 어떤 대통령도 재임 중에 매년 주식시장이 하락을 기록한 경우는 없었다.

1932년 7월 8일 저점을 찍었을 때 다우지수는 그 가치의 89.2퍼센트를 잃었고, 1929년의 381.17이라는 고점은 25년이 지나 1954년 11월이 될 때까지 경신되지 못했다. 1932년 7월부터 9월까지 역사상 가장 짧은 61일간의 강세장 동안 다우지수는 93.9퍼센트나 폭등했다. 그 뒤 5개월 반 동안 반락이 지속되어 1933년 2월 27일 다우지수는 37.2퍼센트 하락을 기록했다. 프랭클린 D. 루스벨트가 대통령 선서를 하기 바로 5일 전의 일이었다.

 1933년 루스벨트 대통령이 경기 부양책과 금융 규제를 실시하려고 할 무렵에는 이미 피해가 깊숙이 미쳐 미국과 세계는 이미 대공황에 들어가 있는 상태였다. 루스벨트 대통령이 집무 첫날 최초의 의제로 삼은 것은 4일간의 은행 휴업이었다. 1933년 3월 말에 이르러 18,000개 은행 가운데 12,800곳이 다시 문을 열었다. 미국은 4월 금본위제를 폐지했고, 6월에는 글래스—스티걸 법을 통과시켰다. 이 법에 따라 연방예금보험공사가 설립되었고, 상업은행과 투자은행의 분리가 이루어졌다.

 금주법은 12월에 폐지되었다. 왜냐하면 나라 전체가 술을 필요로 했기 때문이다. 미국은 대공황이 한창이었던 1933년에 실업률이 25퍼센트로 절정을 이루었다. 개혁은 계속되어 1934년에는 증권거래위원회가 창설되고 뉴딜 프로그램이 만들어졌다. 1933년부터 1937년까지 4년간은 1934년에 5개월 반의 온건한 약세장이 짧게 형성되었을 뿐 줄곧 경기 팽창 국면이 유지되었다. 이 약세장에서 다우지수는 불과 22.8퍼센트 하락했는데, 1923년 7개월간의 약세장에서 있었던 18.6퍼센트의 지수 하락 이후 약세장에서 일어난 하락 가운데 가장 규모가 작았다.

그러나 미국이 재건되고 있는 동안 유럽에서는 전체주의가 싹을 틔우고 있었다. 그리고 아시아에서는 일본이 중국, 소련, 몽고를 침략했다. 1937년 봄, 1년간의 약세장과 경기 후퇴가 미국의 발목을 잡았다. 유럽에서 들려오는 전쟁의 북소리와 월스트리트의 추문에 투자자들은 겁을 집어먹었다. 루스벨트 대통령이 예산의 균형을 맞추려고 시도하자 경기는 더욱 침체되었다. 1937년 3월부터 1938년 3월까지 다우지수는 49.1퍼센트 하락했다. 1900년 이후 세 번째로 규모가 큰 하락이었다. 1938년 루스벨트는 균형 예산을 달성하려는 생각을 버리고 지출을 늘렸다. 이로써 경기 팽창이 시작되어 제2차 세계대전 때까지 계속되었으며 대공황은 막을 내렸다.

제2차 세계대전

독일은 1939년 3월 체코슬로바키아를 병합했다. 1939년 9월 1일에는 독일군 전차가 폴란드로 밀고 들어가면서 제2차 세계대전의 시작을 알렸다. 독일과 이탈리아가 연합했고, 영국과 프랑스는 독일에 전쟁을 선포했다. 1940년 독일은 서유럽을 침공했고 6월에 프랑스가 독일 수중에 떨어졌다. 한편 일본과 중국은 1938년 10월부터 제2차 중일전쟁을 벌이고 있었다. 1941년 12월 일본이 진주만을 공습하여 추축국에 가담한 반면, 중국은 연합국 편에 섰다.

1941년 말에는 세계 전체가 전쟁을 벌이고 있었다. 한쪽에는 독일, 일본, 이탈리아가 이끄는 추축국이 있었고, 다른 한편에는 영국, 프랑스, 소련, 중국, 미국이 이끄는 연합국이 있었다. 제2차 세계대전의 발발로 주식시장은 1939년부터 1941년까지 3년간 손실이 났다. 1932년 미국이 참전하자, 다우지수는 1942년 4월 28일 최종적으로 92.99의 저점을 기록했다. 그 후 4년간 연합군의 거듭된 승리가 분위기를 북돋우고 군수 산업이 경기를 자극하면서, 4번째로 긴 강세장이 형성되었고 다우지수는 128.7퍼센트 상승했다.

제2차 세계대전은 1945년 9월 2일 일본이 미국에 항복하면서 끝이 났다. 전쟁이 터졌을 때는 늘 그렇듯 물가가 올랐다. 그 결과, 1941년에서 1948년 사이에 생활비가 74퍼센트 증가했다. 소비자물가지수는 대략 42에서 73으로 올랐다. 그 뒤 1946년 중반부터 1949년 중반까지 3년 동안 주가와 경기는 기반을 다졌고, 그러고 나서 다시 슈퍼 붐이 시작되었다.

소비자 붐

제2차 세계대전 이후 1946년 중반부터 1947년 중반까지 이어진 약세장과 불경기 뒤에 경제와 주식시장이 바닥을 다지기 시작했다. 1947년부터 1951년까지 마셜 플랜으로 유럽이 재건되었지만, 트루먼 독트린이 공산주의의 저지를 천명하면서 냉전이 시작되었다. 그럼에도 불구하고, 1949년이 되자 행복한 날들이 다시 찾아왔다. 제2차 세계대전 뒤의 소비자 붐을 바탕으로 그 뒤 16년 동안 경제가 도약했고, 주식시장이 상승세를 유지했다. 지속적으로 개발되는 유용한 기술들이 커져가는 중산층에 보급되었고, 그러는 동안 교외에 관한 패러다임의 변화로 새로운 도시들이 만들어졌다.

  한편 제2차 세계대전 때에 이루어진 기술 전보는 새로운 산업들로 발전했다. 도심지와 농장으로 양극화되었던 사회는 베이비붐 시대에 교외 지역에서 하나로 융합되었고, 모두가 TV, 냉장고, 세탁기, 드라이어 같은 가전제품이 갖추어

한국 전쟁은 왜 해당하지 않나?

한국 전쟁은 중요한 국제적 군사 분쟁이었다. 이 전쟁으로 36,500명이 넘는 미국인이 목숨을 잃었다. 3년의 전쟁 기간은 미국이 제1차 세계대전에 참전한 기간보다 길다. 그러나 전쟁은 시장에 대단한 영향을 미치지 못했다. 1950년 6월 25일 북한이 남한을 침략했을 때, 다우지수는 2주 반 동안 겨우 12퍼센트 하락했다. 그 뒤 시장은 다시 상승 추세로 돌아섰다.

비슷한 시기에 있었던 제2차 세계대전의 승리와 일본에 대한 야만적인 원폭의 기억이 세계인의 마음속에는 여전히 생생했고, 따라서 한국 전쟁의 영향력은 시장에서 조용히 묻혀 버렸다. 제2차 세계대전 때 태평양 전장을 담당했던 미군이 여전히 인근에 주둔해 있었으므로, 동원은 일도 아니었다. 또 남아 있던 제2차 세계대전의 군수 물자를 즉시 가져다 쓸 수 있었기 때문에, 군사비 지출은 미미했다.

세계나 미국은 한국 전쟁 때문에 금고를 비울 필요가 없었다. 인플레이션은 별 기미를 보이지 않았다. 소비자물가지수는 1948년 말부터 1950년 초까지 1년 반 동안 오히려 낮아졌고, 전쟁 동안에는 13퍼센트 상승했을 뿐이다. 비극이었고 미군이 참전한 중요한 전쟁이었지만, 한국전은 1950년대와 1960년대 호황에서 짧은 휴지기에 불과했다.

진 집을 필요로 했다. 사람들이 대도시의 직장으로 통근할 수 있도록 도로가 건설되었다. 냉전과 상관없이 주가는 1950년대와 1960년대 내내 계속해서 상승했다. 트루먼, 아이젠하워, 마틴 루터 킹은 미국에 영감을 불어넣은 비전 넘치는 지도자였다. 10년 안에 인간을 달에 착륙시킨다는 케네디의 야심찬 계획은 성공을 거두었다. 처음으로 집적회로를 장착한 컴퓨터를 이용하여 이룬 업적이었다. 놀랍지 않은가! 루터 킹 목사는 오늘날까지 이어져오는 비폭력 저항 운동을 통해 만인을 위한 평등과 정의를 소리 높여 외쳤다.

도시화와 대량 생산은 기업의 수익을 증대시켰고, 다우지수는 1949년부터 1966년까지 제2차 세계대전의 인플레이션을 따라잡으며 523퍼센트의 상승을 기록했다. 평화, 번영, 소비, 새로운 중산층의 출현이라는 거대한 물결이 일어난 결과였다.

인플레이션을 불러온 베트남 전쟁

인종 차별을 금지하는 1964년의 민권법이 7월에 통과되자, 흑백간의 갈등이 야기되었다. 같은 달 말 뉴욕에서 폭동이 일어났고, 이를 시작으로 1960년대 나머지 기간 동안 나라 전체가 들썩였다. 한편 북베트남과 미국의 해상 교전에 따라 1964년 8월 7일 통킹 만 결의가 미국 의회에서 만장일치로 통과되었다. 이에 따라 린든 B. 존슨은 동남아시아에 재래식 군사력을 투입할 수 있는 권한을 부여받았다. 베트남 전쟁이 공식적으로 시작된 것이었다.

1964년 대통령 선거에서 존슨이 골드워터를 누른 뒤, 1964년 11월 미국은 폭격을 단계적으로 확대해나갔다. 정기 폭격은 1965년 2월 시작되었고, 1965년 3월 8일 최초로 미군 전투 병력이 베트남에 도착했다. 며칠 뒤, 연준 이사회 의장 윌리엄 맥체스니 마틴 2세는 경기가 과열 양상에 가까워지고 있다고 경고했다. 1966년, 허시 오가니제이션이 만들어지고 《주식 거래자 연감》이 태어난 이 해는 위기로 점철되어 있었다. 5월에 미군은 캄포디아에 대한 공격을 개시했고, 6월 29일에는 하노이에 대한 전면 폭격이 개시되었다. 인도차이나 반도에서 지정학적 갈등이 확대되자, 그해 말 베트남에 주둔하는 미군 병력은 거의 500,000명에 이르게 되었다.

1967년과 1968년 내내 주식시장과 나라는 존슨의 확전과 대량 살상, 반전 운동, 폭동, 마틴 루터 킹 목사와 로버트 케네디의 암살에 요동쳤다. 주가는 유리 천장에 막혔고, 전비 지출은 1964년부터 1968년까지 50퍼센트 상승했다. 인플레이션에 빨간 등이 켜지면서 소비자물가지수는 1968년 연간 5퍼센트 상승률을 기록했다. 1969년 시장이 기진맥진해 있을 때, 연준은 인플레이션과 싸우기 시작하여 우대 금리를 사상 최고치로 끌어올렸다. 그 해에 닐 암스트롱은 달 위를 걸었고, 약 500,000명의 히피들은 우드스톡에 모였다. 그리고 제2차 세계대전 이후 처음으로 징병제가 재도입되었다.

베트남전, 인종차별, 억압, 여성 시민권, 소수 집단과 관련된 항의와 시위가 1970년 미국을 괴롭혔다. 미군은 4월 30일 캄보디아를 침공했다. 5월 4일 오하이오 주 켄트 주립대학교에서 4명의 학생이 전쟁에 항의하다가 주 방위군에 의해 사살당했으며, 5월 15일에는 미시시피 주의 잭슨 주립대학교에서 시위 중에 경찰이 발포하여 두 명의 희생자가 목숨을 잃었다. 월스트리트는 이미 리처드 닉슨의 연두교서에 못마땅한 반응이었고, 1970년 봄에 이런 일촉즉발의 사건들이 계속되자 S&P 500 지수는 단 4개월 반 만에 25.9퍼센트 하락하여 임기 중간 해 5월 26일에 약세장의 바닥이 형성되었다.

1971년에는 닉슨이 금 태환을 정지시키고 임금과 물가의 통제를 실시하자, 저울의 균형이 무너졌다. 미국이 북베트남에 대규모 폭격을 실시하면서, 시장은 더욱 더 밑으로 가라앉았고, 한편으로 인플레이션이 일어났다. 소비자물가지수는 통킹 만 결의가 통과될 때의 93에서 1971년 말 123으로 32.3퍼센트 올랐다. 평화에 대한 전망과 닉슨의 재선 성공으로 다우지수는 1973년 1월 11일에 1051.10까지 올랐다. 베트남 전쟁이 시작된 이후 최고치였다. 이 고점은 그 뒤 10년 동안 깨지지 않았다.

미군의 베트남전 직접 개입은 1973년 1월 27일 파리 평화 조약 체결과 함께 공식적으로 종료되었다. 하지만 전쟁은 2년을 더 끌었다. 행크 애런이 715개의 홈런을 쳐서 베이브 루스의 기록을 깬 1974년은 혼란과 불안의 한 해였다. 1973년 10월 19일 시작된 아랍의 석유 수출 금지가 1974년 3월 18일 해제되었음에도 불구하고, 이미 피해가 미쳐 미국은 1975년까지 심각한 경기 후퇴를 경험해야 했다.

1974년 봄 워터게이트 스캔들과 관련된 청문회와 소송은 진흙탕으로 변해갔다. 탄핵을 피하기 위해 닉슨은 1974년 8월 9일 할 수 없이 사임했다. 미국 대통령으로서는 역사상 처음 있는 일이었다. 이 소식에 주가는 곤두박질쳤다. S&P 지수는 두 달도 안 되어 23.0퍼센트가 빠졌고, 다우지수는 12월에 이르러 27.6퍼센트가 하락했다. 이때는 1973~1974년 약세장의 마지막 하락 단계였고, 이때의 지수가 1966~1982년 장기 약세장의 최종적 저점이 되었다. 1975년 4월 30일 사이공 함락 때 마지막 해병대가 대사관에서 철수했다. 1975년 5월 크메르 루주가 미국 상선 마야게스 호를 나포하여 일어난 사건은 베트남 전쟁에서 미국이 마지막으로 벌인 공식적인 전투가 되었다.

1970년대의 스태그플레이션

미국 건국 200주년 기념행사에서 피어올린 불꽃놀이의 연기가 가라앉고 바이킹 2호가 화성에 착륙했을 때, 석유수출국기구(OPEC)가 1976년 12월 다시 석유 가격을 올렸다. 베트남 전쟁 이후 에너지 위기로 인해 인플레이션이 정말로 크게 증가하기 시작한 것은 1978년이었다. 소비자물가지수는 1964년 93에서 1978년 202로 117퍼센트나 상승했다. 1979년에 스리마일 섬의 원자력 발전소에서 일어난 사건은 불행하게도 미국의 원자력 발전 확산에 걸림돌이 되었다. 원자력 발전은 당시 에너지 문제로 인한 시련과 고난을 상당 정도 경감시켜줄 수 있었을 것이고, 사실 그것은 지금도 마찬가지다.

1979년의 에너지 위기는 OPEC이 7월 15일 석유 가격을 올렸을 때 시작되었다. 같은 날 지미 카터 대통령은 "신뢰의 위기"라는 이름으로 알려진 연설에서 미국의 석유 수입 의존도를 낮추기 위해 10년간 1,400억 달러 규모의 프로그램을 추진하는 계획에 관해 얘기했다. 이 무렵 윌리엄 헌트와 넬슨 헌트 형제가 은을 매집하기 시작하자 금값이 급등했고, 이란이 미국 대사관을 점거하여 직원들을 인질로 삼는 일들이 벌어졌다. 망토 걸친 인플레이션 파이터 폴 볼커가 연준 이사회 의장으로 임명되면서 경제와 국가는 체질이 강화되었다. 다우지수는 1978년 9월부터 1980년 4월까지 17개월 동안 이어진 약세장 동안 16.4퍼센트 빠지는 데 그쳤다.

1979년부터 1981년까지는 다시 약세장이 형성되고 경기가 침체했다. 천정부지로 치솟는 물가, 기록적인 금리, 높은 기름 값, 1980년 미국의 소련 하계 올림픽 보이콧, 아프가니스탄 침공에 반발한 미국의 소련에 대한 경제 제재 조치, 이란 인질 위기, 헌트 형제의 투기로 인한 은값 급등과 폭락 등이 원인이 되었다. 상황이 나아진 것은 1982년 중반이 되어서였다. 어쨌든 1982년은 GNP가 1.8퍼센트 감소하여 1946년 이후 가장 큰 하락률을 기록했다. 1982년 11월 실업률은 대공황 이후 최고인 10.8퍼센트에 도달했다.

정보 혁명

고대인들은 수천 년간 주판 같은 도구로 계산을 했다. 계산이나 측정을 위한 기계 장치는 근대에 들어와 천문 시계에서 계산자로 진화했다. 《옥스퍼드 영어사전》에 따르면, "컴퓨터"라는 말은 원래 1613년 "계산을 하는 사람"을 나타내기 위해 최초로 쓰였다.

1801년 펀치 카드로 조종되는 자카드 직기가 만들어졌는데, 이 발명은 결국 1896년 허먼 홀러리스의 태뷸레이팅 머신 사의 탄생을 낳았다. 이 회사는 다른 두 개 회사와 합병되었고, 세 개 회사가 합쳐진 회사는 1924년 이름을 인터내셔널 비즈니스 머신IBM으로 바꾸었다.

최초의 전자 컴퓨터는 1940년과 1945년 사이에 만들어졌다. IBM과 "일곱 난장이(버로우스, UNIVAC, NCR, 컨트롤 데이터, 허니웰, RCA, 제너럴 일렉트릭)"는 1950년대 말부터 1970년대까지 대형 컴퓨터를 만들었다.

하지만 프로그래밍 가능한 컴퓨터 언어, 패킷 교환, 집적회로 마이크로프로세서와 함께 인터넷, 개인 컴퓨터, 정보 시대의 씨앗이 뿌려진 것은 1960년대와 1970년대 초가 되어서였다.

케네스 E. 아이버슨은 그의 저서 《프로그래밍 언어》에서 자신이 하버드에 있을 때 나중에 IBM 시스템에 사용될 수학적 표기법을 어떻게 개발했는지 얘기하고 있다. 그가 IBM에 근무한 것은 1960년대 초였다. 1969년에는 아르파넷과 TCP/IP 인터넷 프로토콜이 처음으로 개발되었다. 정보 혁명의 근간이 마련된 것은 1971년 인텔에서 상업적으로 제작한 일반용 4004 마이크로프로세서가 처음으로 배송되었을 때다.

그 뒤 10년 동안 개인 컴퓨터는 BASIC 프로그래밍 언어를 사용하는 휴렛 패커드 HP컴퓨터에서 애플 IIe로 진화해 갔다. 애플 IIe는 1983년 1월 출시되었다. 마이크로소프트는 1982년 IBM PC에 MS-DOS를 도입했고, 이와 동시에 주식시장은 수직 상승했다. AOL은 1985년 공들인 온라인 서비스를 시작했고, 1992년 월드와이드웹이 탄생했다. 주식시장은 달나라까지 올라갈 듯했다. 휴대폰과 무선 기술은 투기 거품을 한계점까지 부풀려 놓았다.

호황기의 전쟁

한국 전쟁처럼 1990년과 1991년의 걸프전은 한 나라가 다른 나라를 일방적으로 침략하여 일어난 국제적인 대규모 군사 작전이었다. 까닭 없이 이라크가 UN 회원국의 통치권을 침탈하자, 국제적 무역 제재 조치가 취해졌고 이라크는 1991년 1월 15일까지 쿠웨이트에서 철군하라는 통보를 받았다.

군사적 개입이 승인되자, 미국, 나토, 페르시아 만 국가, 그리고 세계 각지의 국가에서 파견한 거의 100만 명에 달하는 다국적군 병력이 이라크와 쿠웨이트 주위로 모여들었다. 세계는 쿠웨이트를 되찾기 위해 어깨와 어깨를 맞댔다. "압도적인 전력을 활용한다."는 당시 합참의장 콜린 파웰의 독트린 아래 전개된 사막의 폭풍 작전은 미국 역사상 가장 신속하고 가장 인명 피해가 적으며 가장 비용이 적게 든 군사 작전이었다.

실제 작전은 6주 만에 끝났다. 지상전은 겨우 4일 걸렸다. 1991년 2월 27일 미군과 동맹군이 이라크군을 축출하고 쿠웨이트를 해방시켰다. 당시 파웰과 다국적군 사령관 노먼 슈워츠코프가 직접 등장하는 기자회견과 전쟁 실황 중계는 우리 모두를 매혹시켰으나, 이 사건은 경제나 시장, 인플레이션에 지속적인 영향을 거의 미치지 못했다.

최대 호황

1990년 초 소련이 해체되기 시작했고, 1980년대에 시작되었던 저축대부조합 위기는 마침내 끝이 났다. 역사상 가장 긴 강세장이 1990년 10월 11일 역사적인 상승을 시작했다. 그 뒤 아시아 통화의 위기와 러시아 루블화 가치의 폭락으로 세계적 통화 위기가 조성되어 역사상 가장 짧은 약세장이 만들어졌다. 다우지수는 1998년 여름 45일 만에 19.3퍼센트가 빠졌다. 잘 알려진 통화 전문 헤지펀드 롱텀 캐피털 매니지먼트는 참화를 입어 연준이 35억 달러의 구제 금융을 긴급히 지원해주어야 했다.

8월과 10월에 이중 바닥이 형성되고 마지막으로 주가가 내달리면서 2000년 천장을 찍었다. 초호황의 마지막 단계에서 첨단 기업들의 기업공개와 데이 트레이딩은 닷컴 주식의 거품을 엄청나게 부풀려 놓았다. 20세기 최대의 호황기에, 다우지수는 1982년 8월 11일 770의 장중 저가에서 2000년 1월 14일 11,908.50의 장중 고가를 기록하여 무려 1,447퍼센트가 상승했다.

1999년 말 호황이 절정에 도달해 있을 무렵, 시장을 공평한 경쟁의 장으로 만들어주었던 핵심적인 금융 규제들이 폐지되었다. 1999년 11월 12일 클린턴 대통령이 서명한 1999년의 금융서비스현대화법(그램-리치-블라일리 법)으로, 1933년의 글래스—스티걸 법의 핵심적인 사항들이 무효화되었다. 이로써 은행이나 증권 회사, 보험 회사가 투자은행이나 상업은행, 보험사의 업무를 겸할 수 있게 되었다. 그 뒤 역시 빌 클린턴에 의해 2000년의 상품선물현대화법이 2000년 12월 21일 발효되어 신뢰할 만한 당사자간 파생상품의 장외 거래가 실질적으로 허용되었다.

이 두 가지 법은 서브프라임 모기지 사태, 다단계채권과 신용부도스와프를 통한 그림자 금융 시스템, 그리고 2007~2009년의 세계 금융 위기와 경기 후퇴, 약세장, 그 모든 것을 위한 문을 열어버렸다. 그 여파는 오늘날까지 계속되고 있다.

다시 시작한 한 세기

우리는 이 모든 것을 보고 경험했다. 하지만 9/11 테러 같은 것은 본 적이 없을지 모른다. 이로 인해 아프가니스탄 전쟁, 이라크 전쟁, 테러와의 전쟁이 벌어졌다. 하지만 9/11이

1914년 페르디난트 대공의 암살, 진주만 공습, 통킹 만 사건과 크게 다를 게 뭐가 있는가? 이런 사건들은 똑같이 싸움을 걸기 위한 마구잡이식의 국제적 폭력 행위에 다름 아니다.

  금융 위기는 지난 두 차례 세기 전환기와 대공황 시대, 1970년대에 우리를 고통과 시련에 빠뜨렸다. 제멋대로의 투기, 타락을 낳는 느슨한 시장 규칙, 관리 소홀은 사기와 조작이 시장을 망치도록 허용했다. 그러나 평화가 찾아오면, 늘 인플레이션이 진정되고 분별력 있는 정부가 힘을 발휘하며 혁신이 꽃을 피우고 경기가 팽창하며 시장이 새로운 고점으로 상승했다는 것을 알아두기 바란다.

Summary Note

- 전쟁과 금융 위기는 경제와 시장의 정체를 낳는 핵심 요소다. 인플레이션과 정치적 무능은 이를 영속화한다.
- 평화와 물가 안정, 정치적 효율, 혁신이 다음번 장기 호황과 시장의 장기 상승을 낳을 것이다.

4장

슈퍼 붐이 다가오고 있다

"2018년까지 횡보장이 끝나고,
2025년 다우지수는 38,820까지
상승할 것이다."

과거를 돌아보면, 초호황은 전시와 금융 위기 동안 수요 억제, 정부 지출 증대, 물가 급등과 함께 잉태되었다. 그 뒤에는 평화와 정치적 리더십, 효율적인 통치로부터 수유를 받고 걸음마를 뗀 다음, 유용한 기술의 꾸준한 공급에 의해 자라났다. 이런 기술은 세계와 보통 사람들의 생활방식을 변화시키고 문화적 패러다임을 바꿔놓았다.

일단 큰 전쟁이 끝나 청구서를 지불하고 나면, 인플레이션이 정점에 도달했다. 그러다가 몇 년 뒤 물가가 안정을 찾고 금융 위기와 공황이 완화되고, 실용적·진보적인 정부의 정책과 주도력에 의해 경제가 발판을 다지기 시작하면, 새로운 혁신 기술과 생활방식이 붐을 촉발시켰다. 소비자의 지출 증대는 기업과 경제 성장에 박차를 가했고, 위대한 경제학자 케인스가 말한 기업과 사업가, 투자자들의 "야성적 충동"이 되살아나 붐을 만들어냈다. 새로운 상품과 서비스에 대한 수요로 인해 소비자 지출은 계속 규모가 커졌다. 하지만 이런 상황은 붐을 한계점까지 계속 몰아붙여 결국 순항 고도까지 올라갔던 경제와 시장은 엔진이 고장 난 로켓처럼 땅으로 곤두박질칠 수밖에 없었다.

오늘날 신문의 헤드라인이나 뉴스에서는 실업률이 높다든가 대침체(Great Recession(2009년 9월부터 시작된 세계적 경기 침체를 가리키는 말—옮긴이)는 아직 끝나지 않았다든가 세계의 부채에 대한 우려가 커지고 있다는 얘기들을 하고 있다. 평범한 투자가라도 중개인, 가족, 친구, 정부로부터 넘쳐나는 수많은 부정적인 뉴스를 듣는다. 따라서 내가 2010년 5월에 슈퍼 붐을 얘기하며 다우지수가 2025년에 38,820포인트에 도달할 것이라고 한 예측은 많은 사람들에게 뚱딴지같은 소리처럼 여겨졌을 것이다. 그 사실은 놀랍지 않다. 왜냐하면 모든 대담한 예측은 사실로 입증되기 전까지는 호된 질타를 받기 때문이다. 내가 말하는 초호황은 상당히 그럴듯할 뿐 아니라 수학적으로도 역사적으로도 충분한 근거를 갖추고 있다. 이런 규모의 지수 상승은 역사를 통해 몇 차례 있었는데,

늘 동요와 혼란 그리고 경기 침체의 시기가 그에 앞서 존재했다. 사실 큰 움직임은 명백한 근거와 함께 대단히 규칙적으로 일어나기 때문에, 우리는 언제 왜 어떻게 그런 움직임이 일어나며 그런 움직임이 있기 전과 있는 동안에 어디에 투자해야 할지 알 수 있다. 과거를 들여다보면, 미래를 조망할 수 있는 것이다.

주식시장의 500퍼센트 상승 가능성이 처음으로 우리 눈앞에 드러난 것은 2002년 9월이었다. 이때 2000년 1월 닷컴 거품 붕괴와 함께 시작된 장기 약세장의 첫 번째 주요 하락 단계가 마무리되었다. 당시를 보자면, 전쟁의 북소리가 곧 있을 이라크 침공을 알리고 있었고, 주식시장이 중간 선거라는 예측불허의 상황에 빠져들고 있을 때이기도 했다.

현재 개인 투자가들은 여전히 시장에 환멸을 느끼고 있고, 월스트리트의 전문가와 경제학자들은 스펙트럼의 이쪽 끝 아니면 저쪽 끝에 서 있다. 새로운 강세장이 진행 중이거나 아니면 아마겟돈이 다가오고 있다. 그러나 징조는 명명백백하다. 장기 약세장은 후반 단계에 와 있는 것이다. 시장이 체력을 추스르기 위해서는 몇 년을 더 필요로 하겠지만, 다음 번 초호황은 이미 준비 단계에 돌입해 있다. 엄청난 규모의 자금이 다시 투입되기를 기다리고 있고, 그때가 되면 해제경

보가 요란하게 울릴 것이다. 이 장의 나머지 부분에서는 과거 12년간 일어났던 불행한 사건들에 관해 다루고, 다가오는 호황의 전조를 파악하기 위해서는 어떤 데이터가 필요한지 다룰 것이다.

2000년 닷컴 붕괴 vs 1929년 대붕괴

2009년 3월에 다우나 S&P 500 같은 오래된 시장 지수가 새로운 저점을 기록했을지 모르지만, 기술주들로 구성된 나스닥은 그렇지 않았다. 나스닥은 오늘날 다른 전통 있는 지수들보다 경제와 주식시장에 대해 종종 더 정확한 그림을 제공하고 있다. 어쨌든 많은 비관론자들은 다우지수가 미래에 새로운 저점으로 내려앉을 것으로 예상하고 있다.

1929년이나 2000년에 모두 투기 거품이 꺼지며 가혹한 붕괴가 거의 3년간 지속되었다. 나스닥이 2000년을 예외로 하면 재앙에 직격탄을 맞은 반면 대개 배당금을 지불하는 전통적인 다우지수 주식들은 상황이 훨씬 나았다. 다우지수는 2000년 1월부터 2002년 10월까지 단 37.8퍼센트 하락했다. 1929년 대붕괴 이후 다우지수가 89.2퍼센트 하락했던 것과 비슷하게 나스닥이 77.9퍼센트 하락한 것은, 닷컴주, 무선주, 그리고 회계를 조작한 무분별한 몇몇 회사들의 주식 때문이었다. 이런 파국은 그 규모에 있어 70년 전 있었던 사건에 거의 필적했다. 지속 기간을 보자면, 약세장이 끝나는 2002년 10월 9일까지의 999일은 과거의 큰 사건에 비해 단지 한 달 짧을 뿐이었다. 2007년부터 2009년까지 모든 주요 평균 지수가 50퍼센트 넘게 하락할 때 다우지수는 그에 상응하는 대가를 치렀다. 그러나 나스닥은 2002년 저점이 깨지지 않았고, 이 사실은 21세기 초 전시 장기 약세장의 저점이 형성되었음을 의미한다고 하겠다.

국제적 테러와의 전쟁

국제적 테러와의 전쟁과 이라크 전쟁, 아프가니스탄 전쟁은 2001년 9월 11일 시작되었다. 이때 세계무역센터와 펜타곤이 테러리스트들의 공격을 받았다. 이에 대응하여 미군은 10월 7일 아프가니스탄의 테러리스트 본거지들을 공격했다. 그 뒤 2003년 3월 20일에는 이라크에 대한 폭격이 시작되었다. 미군은 즉시 바그다드로 진격했고, 부시 대통령은 2003년 5월

"임무 완수"를 선언했다. 실상은 미국 대통령의 생각과 차이가 있었음에도 불구하고, 어쨌든 주가는 1999년처럼 상승했다. 다우지수는 2002년 10월 9일 임기 중간 해의 저점에서 2003년 마지막 날 만들어진 대선 전해의 고점까지 43.5퍼센트 상승했다. 나스닥은 2003년 한 해에만 50.0퍼센트 올랐다. 1939년 이후 대선 전해의 연속적인 주가 상승이 계속되었다. 다음 2년간 전쟁이 길어지자, 다우지수는 10,500선을 지켰다. 그 뒤 신용과 주택 거품이 이 양 부문의 규제 완화와 태만한 감시, 약탈적인 대출 관행, 그림자 금융에 의해 크게 팽창했다.

거품이 가득 낀 주택시장

주택시장은 금융 위기의 한가운데 있었다. 인플레이션과 그 뒤 일어난 주택 거품의 붕괴는 월스트리트 역사에서 중대한 사건이었고, 앞으로도 수 세대에 걸쳐 분석되고 논의될 주제다. 상황을 한번 전체적으로 살펴보자. 특히 과거의 일을 되돌아볼 때 거품은 보통 확연하게 드러난다. 기술주의 거품은 그 규모를 알아보기 쉬웠다. 나스닥은 5,048포인트까지 올라갔다가 1,114포인트로 주저앉았다. 장기 나스닥 차트를 보면 누구든 거품이 얼마나 컸는지 쉽게 식별할 수 있었다. 하지만 주택시장의 상황은 그만큼 분명하게 드러나지 않았다. 일반 대중이 주택시장에 눈이 먼 이유는 무엇보다 상대적 수준을 측정할 수 있는 잘 알려진 수단이 없었기 때문이다.

주택 거품은 몇 가지 이유로 형성되었다. 어떤 사람은 지나치게 공격적인 통화 정책에서 비롯되었다고 주장한다. 사실 9/11 이후 거의 3년간 연준의 목표 금리는 터무니없을 정도로 낮았다(2퍼센트 미만). 또 다른 사람들은 비도덕적인 대출 관행과 잘 속아 넘어가는 대중을 탓했다. 현실은 아마 그 둘의 중간 어디쯤엔가 있을 것이다. 하지만 대부분의 사람들이 제대로 판별하지 못하는 문제라면 어떻게 해결해야 하는가? 회복은 어떤 식으로 이루어질 것인가?

재앙은 대출 기관과 대출자 양쪽의 탐욕, 오만, 무책임함, 멍청함이 불러들였던 것이다. 죄를 온통 뒤집어쓰는 경향이 있지만, 사실 월스트리트와 은행이 모든 죄를 져야 하는 것은 아니다. 누구도 사람들에게 감당도 못 할 집을 사라고 강요하지 않았다. 누구도 주택 소유자에게 집을 자동현금인출기처럼 취급하라고 강제하지 않았다. 이 나라는 굳건한 저축 윤리를 토대로 세워졌다. 우리는 모두 우리의 길을 잃어버렸던 것이다! 주택시장 문제가 해결되기 전까지는 경제가 곤경에서 빠져 나올 수 없을 것이다. 피해의 규모는 정말로 상상을 훨씬 뛰어넘는 것이다.

최근 꽤 많은 언론이 (또 다시) 주택 시장 회복에 관해 시끄럽게 떠들고 있다. 물론 정서와 판매 수치는 최근 개선되었다. 그러나 우리가 추적하는 중요한 4가지 주택 자료(기존 주택 판매, 주택 착공, 신규 주택 판매, 전미주택건설협회 주택시장지수)에 따르면, 보고되고 있는 회복은 그다지 인상적이지 않다. 대부분의 출혈은 멈추었으나, 주택시장이 다시 건전한 경제 구성 요소가 되기 위해서는 여전히 상당한 치유가 요구된다. 이 4가지 지표의 지속적인 상승은 경기가 다시 확실한 발판을 마련하는 때를 아는 데 도움이 될 것이다.

- **기존 주택 판매**: 기존 주택 판매는 사람들에게 영향을 미치는 가장 중요한 자료다. 얼마나 용이하게 주택을 사고 팔 수 있는지 평가하는 척도로, 소유한 주택의 상대적 가치를 반영한다. 2006년의 엄청난 증가는 사실 그저 시장이 얼마나 잘못되었는가를 보여주는 징후였을 뿐이다. 사람들은 사지 말아야 할 집을 샀을 뿐 아니라 손쉽게 돈을 손에 쥐기 위해 집을 팔았다. 해마다 700만 채의 집이 주인을 바꾸

었다면 분명 뭔가가 잘못된 것이었다. 2006년의 자료는 펜실베이니아 애비뉴(백악관에서 미 의회까지 이르는 거리 — 옮긴이)에 경종을 울렸어야 했다.

기존 주택 판매는 1996년이 될 때까지는 상대적으로 안정되어 있었다. 변동이 있기는 했지만, 상대적으로 소폭이었고, 어쨌든 가족의 집이란 장기 투자 대상이었다. 기존 주택 판매는 최근에 안정을 되찾았으나, 결코 위기를 벗어났다고 할 수는 없다. 많은 주택이 상당한 손실을 입고 팔리거나 몰수되었다. 기존 주택 판매는 2005년 최고치를 기록한 뒤 크게 요동치며 하락세를 보였다. 수치는 2009년과 2010년 주택 구매자 세제 혜택에 힘입어 다시 크게 치솟았으나, 이런 세제 혜택은 이제 끝이 났다. 기존 주택 판매가 마침내 현실적인 범위 내에서 안정을 찾을 때에야 바닥이 다져질 것이다.

- **주택 착공**: 주택 착공은 건축업자들이 주택시장에 대해 어떻게 생각하고 있는지 알려주며, 두 가지 이유에서 중요하다. 첫째, 주택 건설은 많은 일자리를 제공한다. 신규 주택 건축이 시들하면, 건설 일꾼들이 일자리를 잃게 된다. 둘째, 주택 착공은 시장이 감수하려는 리스크의 규모에 대한 주요 지표 역할을 한다. 시장 상황이 좋을 때는 주택 건축

업자들이 미래의 판매를 예상하여 건설 공사를 늘린다. 그러다가 시장 상황이 바뀌면 재빨리 계획을 바꾼다.

1991년 주택 경기의 바닥에서 2006년의 천장까지 주택 착공은, 연간 기준으로 800,000건 미만에서 2,270,000건 이상으로 폭증했다. 1972년 이후 볼 수 없었던 기록이다. 시장이 천장을 찍은 후, 주택 착공 건수는 2009년 다시 500,000건 이하로 급격히 떨어졌고, 현재 이 수준 위에서 지지선을 찾고 있는 중이다. 이런 상황이 빚어진 것은 사상 유례없이 낮은 금리에도 불구하고 제약이 많은 대출 요건과 미약한 수요 때문이다. 신용 시장이 얼어붙으면서 건축업자들은 부지와 자재를 사고 일꾼들의 봉급을 지불할 돈을 빌릴 수 없게 되었다. 주택 착공 건수는 안정세를 찾은 것처럼 보이지만, 어쨌든 회복을 예측하기 위해 가장 먼저 살펴볼 지표 가운데 하나가 주택 착공이다.

- **신규 주택 판매**: 집을 파는 것보다는 짓는 데 오랜 시간이 걸린다. 따라서 재고를 쌓아두어야 한다. 주택 건설업자들은 균형을 맞추려고 하고 이에 따라서 신규 주택 건설을 계획한다. 신규 주택 판매는 2005년부터 2010년까지 5년간 거의 1,400,000건에서 280,000건으로 80퍼센트 감소했으며, 현재도 그다지 높지 않은 수준이다. 신규 주택의 공

급 과잉으로 주택 가격은 계속 하락하고 건설업계의 일자리도 늘어나지 못하고 있다. 신규 주택 판매는 마지막에 가서야 호전되는 지표이긴 하지만, 주택시장이 완전히 회복되었음을 확인해준다는 점에서 중요한 지표다.

- **주택시장지수**: 전미주택건설협회 주택시장지수는 주택시장의 전체적인 건전성을 판단하는 최상의 지표다. 시장의 임박한 붕괴를 가장 먼저 알린 것도 주택시장지수였다. 2005년부터 2006년까지 주택시장지수는 더 이상 상승하지 않고 기울기가 밋밋해졌다가 다른 데이터가 하락을 시작하기 훨씬 전에 고개를 숙였다. 주택시장지수는 다른 데이터가 회복을 확인시켜주기 전에 업계에 낙관적 분위기를 불어 넣어줄 것이다. 50이 넘으면 긍정적인 것이고, 50 아래는 부정적인 것이다. 이 지표는 2007년 이후 20 아래를 맴돌았다. 지난 2년간의 상승은 고무적이었으나 믿지 못할 것임이 드러났다. 지수는 큰 움직임으로 사람들을 속이고 나서는 다시 제자리로 돌아갔다. 이것은 다른 지표의 뒷받침 없이 주택시장지수 하나만 믿어서는 안 된다는 사실을 보여주었다. 하지만 그럼에도 주택시장지수는 상승이든 하락이든 주택시장의 움직임을 초기에 알려줄 수 있는 지표다. 이 지표는 반드시 면밀히 모니터해야 한다.

경제가 막대한 피해를 입었다. 복구를 위해서는 단결된 노력이 필요하고 주택 건설업자, 은행, 미국 대중들 사이에 신뢰를 심어주어야 한다. 주택은 우리를 흥청망청한 생활로 이끌었지만, 또한 우리가 이런 곤경에서 벗어나는 데 도움을 줄 것이다. 이 4가지 수치를 열심히 모니터하면 경제가 어디쯤 와 있는지 그리고 보다 중요한 것으로 어디로 향해 가고 있는지 더 잘 알게 될 것이다. 주택시장이 회복되기 전에는 결코 의미 있는 혹은 지속 가능한 강세장이 나타날 수 없다.

신용 시장은 얼음이 녹기 시작했고, 건축업자들은 부지와 자재를 사고, 일꾼들의 봉급을 지불할 돈을 빌리고 있다. 주택 착공은 현재 연간 700,000건을 기록하고 있다. 이렇듯 주택 착공 건수는 안정세를 찾았지만, 여전히 이전 30년간의 저점을 밑돌고 있다. 이 사실은 다음번 슈퍼 붐을 위한 발판을 마련해줄 다년간의 회복 과정이 진행 중임을 알려준다.

신규 주택 판매는 여전히 그래프의 바닥을 기어가고 있다. 신규 주택 판매의 꾸준한 증가가 다가오는 초호황의 마지막 징표가 될 것이다. 기존 주택 판매와 주택시장지수는 최근 크게 살아났다. 주택시장지수가 최근 20을 돌파한 것은 고무적이지만, 여전히 50에는 못 미친다.

경제를 지탱하는 4가지

국제적 테러리즘, 이라크와 아프가니스탄, 이란과 북한, 아랍의 봄, 주택시장, 고용 창출, 발달했던 인프라의 쇠락, 수치스러울 만큼 비싸고 비능률적인 보건 체계는 여전히 미국을 괴롭히고 있는 문제들이다. 각각의 문제를 모두 처리해야 하겠지만, 전세계에 영향을 파급시킬 가장 중요한 문제는 미국 경제가 앞으로 어떻게 되느냐 하는 것이다. 제2차 세계대전 이래 세계를 움직여온 엔진은 지금 점검과 정비를 절실히 필요로 하고 있다.

  우리가 최악의 금융 위기와 대침체를 헤쳐 나온 것처럼 보일지 몰라도, 미국의 비즈니스 관행은 크게 변하지 않았다. 미국인들은 현 상황에 대해 불만을 갖고 있다. 25년 남짓 번영을 누리다가 지금은 그다지 대단할 게 없는 1970년대 수준으로 굴러 떨어질 위기에 놓여 있기 때문이다. 솔직히 미국의 경제 상황은 아직까지 실망스럽기 그지없다. 환경 산업

분야의 일자리 창출, 중산층 강화, 광범위한 정부 개혁, 세제 개편 같은 미국 경제를 끌어올리기 위한 훌륭한 아이디어들은 실현되지 못했다. 경제가 계속 이렇게 시원치 않으면, 백악관도 의회도 새 주인을 찾게 될 것이다.

미국의 가까운 미래에 관해 비관적인 의견이라면 차고 넘친다. 하지만 그렇게 어둡지만은 않은 견해를 제시한 유명한 경제학자들도 많다. 현재의 정책은 여기저기 충분히 손보았다는 사람이 있는 반면, 경제 정책을 뜯어 고쳐야 한다고 생각하는 사람도 있다. 경제를 지탱하는 네 기둥, 즉 다우지수, 소비자신뢰지수, 인플레이션, 실업률은 경제를 쉽고 빠르게 가늠할 수 있는 4가지 보편적인 자료다. 이들 자료는 개별적으로 미국 경제의 서로 다른 측면들을 보여주며, 종합해서 보면 경제 전체에 관한 보다 완벽한 그림을 얻을 수 있다.

- **다우지수**: 열렬한 다우 이론가라고 하더라도 다우지수에 한계가 있다는 것을 인정할 것이다. S&P는 종목이 훨씬 많고, 끊임없이 조정을 하는 덕분에 현재의 추세를 잘 반영한다. 나스닥은 혁신과 성장의 지표로서는 훨씬 낫다. 하지만 미국 경제계의 건전성을 측정하는 잣대로서 다우지수는 타의 추종을 불허한다. 다우지수가 잘나가면 미국

경제도 잘나간다. 다우지수가 기진맥진하면 월스트리트뿐 아니라 메인스트리트까지 여파가 미친다. 가장 큰 영향을 받는 사람들은 투자자들, 보통 중상층과 그 외 무리—퇴직 연금이나 보너스로 투자를 하는 사람, 뮤추얼펀드 투자자, 포트폴리오 투자자들—이다.

- **소비자신뢰지수**: 소비자신뢰지수는 본질적으로 경제에 대한 중산층의 신념을 대변한다. 미국 중산층은 지난 20년 대부분의 기간 동안 경제적으로 갈취를 당해왔다. 소비자신뢰지수가 말하는 것은 현실에 대한 인식과 미래에 대한 예상이다. 이것은 메인 스트리트 경제에 대한 의견 조사다. 최근 경기 부양책이 나오면서 신뢰 회복에 도움을 주었지만, 70가량의 수치는 미국 중산층 소비자들이 여전히 지쳐 있으며 돈에 쪼들리고 있다는 것을 나타낸다. 소매 지출은 상승했지만, 심각하게 낮은 수준을 벗어난 것에 불과하다. 소비자신뢰지수가, 1980년대 초반 그러했듯이 90으로 다시 올라가기 전까지는 경제의 지속적인 회복을 기대할 수 없다.

- **인플레이션**: 인플레이션은 미국 중소기업자들과 보통 사람들에게 가장 큰 타격을 주었다. 전체적으로 중상층부터 중하층까지 중소기업자는 미국의 중추 역할을 한다. 중소기업은 수천만 명의 미국인을 고용한다. 중소기업이 실적

이 좋지 못하면, 그 영향이 많은 대중에게 미친다. 초인플레이션이 지속될 때는 늘 경제 문제가 야기되었다. 과도한 디플레이션 역시 불경기를 낳는다.

생산자물가지수와 소비자물가지수를 보면 인플레이션은 지금 오름세에 있다. 회복의 이 중대한 시점에서 이것은 좋은 일이다. 경제와 주식시장을 슈퍼 붐으로 이끌 인플레이션이 시작 단계에 있는 것이다. 어느 시기에 가면 인플레이션이 진정될 필요가 있다. 그렇지 않으면 경기가 과열된다. 슈퍼 붐이 몇 년 내에 일어날 것 같지는 않지만, 과거에도 그랬듯이 어느 시점에는 예상대로 상황이 전개될 것이다. 다른 모든 사람들처럼 연준 이사와 또 다른 경제 정책 입안자들은 완벽한 사람들이 아니고, 그전에도 여러 차례 그러했듯이 통화 조절 정책을 잘못 시행할 가능성이 크다. 데이터의 시간 간격과 복잡성으로 인해 통화 정책을 시간에 맞추어 완벽하게 조절하기란 매우 어렵다.

- **실업률**: 실업률은 경제 혼란의 시기에 중산층의 완벽한 중재자 역할을 한다. 경제가 심각하게 불안한 시기에는 실업은 상부 경영진에게도 영향을 미친다. 미국의 고용 사정은 크게 악화되어 1980년대 초의 더블 딥 이후 볼 수 없었던 수준까지 떨어졌다. 그러나 중요한 것은 단순히 절대적인

수준만이 아니다. 고용의 증감 추세 역시 중요하다. 실업률은 위기 수준에서 개선되었지만, 최근의 상승은 우려를 낳고 있다. 실업률 하락이 지속되기 전까지는 경제가 실질적인 회복과 성장률 상승의 길로 나아가지 못할 것이다.

경제 상황은 조금씩 서서히 단속적(斷續的)으로 나아져가고 있다. 최근 노동 시장은 살아나는 기미를 보여주었고, 주택시장 역시 생기를 되찾는 듯했다. 하지만 수치는 몇 달 나아지는 듯하다 다시 뒷걸음질 쳤다. 다우지수는 1998년 여름 이후 그랬던 것처럼 횡보세를 지속했다. 소비자신뢰지수는 대침체 이후로 개선되었지만, 2011년 급락했다. 워싱턴에서 문제가 일어나기 시작하고 경기 팽창이 수그러들었기 때문이다. 인플레이션은 상승세에 들어가 소비자물가지수는 2009년 대부분의 기간에 마이너스였다가 연간 3퍼센트로 다시 상승했고, 2001년 이래 29퍼센트 상승을 기록했다. 실업률은 완고하게 꺾이지 않다가 마침내 상당히 낮아지는 추세를 보이고 있다. 하지만 이번 장기 약세장이 끝나기 전까지 다시 상승할 수도 있다.

경제 회복의 동력

2000년 이후 시작된 이 긴 약세장에서 일자리 창출은 경제라는 수레를 끌 말 혹은 회복의 지렛대다. 공식적인 실업률은 지행 지표로, 보통 약세장이 끝나고 9개월, 때로는 1년 이상 지나 최고치를 기록한다. 신규 고용보험 신청 건수는 시간차가 약간 더 짧은 경기 지표다. 고용보험을 처음 신청하는 사람들이 얼마나 되는지 보여주는 이 주간 수치만 있으면 사실 정부의 많은 통계 자료들이 쓸데없다.

한 차례 예외가 있지만, 신규 고용보험 신청이 최고치를 기록한 것은 침체기의 약세장 바닥이 만들어지고 나서 두 달 이내였다. 1967년 이후, 신규 고용보험 신청은 불경기 동안 평균적으로 약세장이 바닥을 형성하고 나서 한 달 뒤에 최고치에 도달했다. 하지만 이라크의 쿠웨이트 침공으로 1990년 10월 시장이 바닥을 치고 나서 신규 고용보험 신청이 정점에 도달하는 데는 2개월이 넘게 걸렸다. 신청은 5개월 뒤인 1991년 3월 다국적군이 사담 후세인의 군대를 쿠웨이트에서 축출했을 때 최고치를 기록했다. 2009년 3월 말에도 시장 저점 형성 후 3주 뒤 신규 고용보험 신청 건수가 크게 치솟았다가 다시 내려갔다. 이 사실은 약세장이 끝났음을 보여주었는데, 지속적인 수치 하락은 경기가 호전되고 있음을 나타냈다. 이 지표는 1974년부터 1984년까지 긴 회복 기간 동안 그랬던 것처럼 향후 몇 년 동안 스파이크를 만드는 경향을 보여줄 것이다.

슈퍼 붐은 아직 지나지 않았다

경기의 저점과 주식시장의 바닥은 이미 지나간 것처럼 보인다. 그러나 다른 요인들이 아직 뒷받침되지 않고 있다. 소비자물가지수는 2001년 10월 이후 겨우 29퍼센트 상승했다. 오바마 대통령은 중도 선회 Tack to the Center 를 시도했지만, 그가 확고한 리더십으로 미국에 활력을 불어넣을 수 있을지 여부는 두고 봐야 한다. 백악관이 새롭게 공화당이 주도하는 의회와 함께 다시 나라를 제대로 돌아가게 하지 못한다면, 새로운 아이디어를 가진 새로운 지도자들이 뽑힐 것이고 그리하여 다음 8년간 연방정부가 마침내 제대로 된 기능을 하게 될지도 모른다.

의사소통과 접촉 덕분에 이제 지구촌 각지는 훨씬 더 조화로운 세계를 이루게 되었다. 하지만 골칫거리를 안겨주는 지역들이 여전히 존재한다. 북한, 근동, 중동, 사하라 이남의 아프리카, 아이티 같은 지역뿐 아니라 바로 이곳 미국 전역의 도시와 읍에도 그런 곳이 있다. 미합중국이라는 최초의 진정한 대의 정부와 자유 시장 체제가 탄생한 이후, 세계는 성장과 평화, 평등권, 정의로 향하는 보다 안정된 길을 걸어왔다. 우리는 우리의 주변 환경에 대해 더 많은 것을 알아가면서, 팽창과 수축의 변동, 투기와 투자, 혁신과 성장, 국제적 세력 다툼을 안정화시키는 법을 배워왔다.

최근 30년은 정말로 폭풍과도 같았다. 우리는 1980년대와 1990년대 사상 최대의 호황을 누린 뒤 9/11, 여러 전선에 걸친 긴 전쟁, 자산 및 부채 거품, 금융 위기, 시장 붕괴(짧거나 긴), 그리고 대침체를 지나왔다. 그래도 내 생각에는 과거보다는 상황이 나았다. 예컨대, 21세기에 들어와 우리가 차량 번호판 홀짝제에 따라 정해진 날에 휘발유를 사려고 길게 줄을 서야 했던 적은 없었다. 하지만 내가 어린 시절이었던 1973년 말과 1974년 초, 1979년에는 그런 일들을 목격할 수 있었다.

1982년부터 2000년까지의 슈퍼 붐은 베이비붐 세대의 소비주의와 놀라운 기술 진보에 의해 뒷받침되었다. 이런 초호황은 앞으로도 보기 힘들 것이다. 제1차 세계대전과 제2차 세계대전 이후 있었던 호황은 그 준비 운동에 불과했다. 이때는 호황의 엔진이 되어줄 베이비붐 세대가 없었다. 그러나 이민자들의 물결이 엄청난 수요를 창출했고, 그들은 새로운 사고와 근면을 통해 더 나은 삶을 성취하겠다는 강한 열망을 분출시켰다. 1980년대와 1990년대에 이루어진 혁신은 상당수가 20세기 최초의 80년과 그 이전에 잉태되었던 것들이다. 하지만 어쨌거나 앞 세대가 이룩한 획기적인 진보는 경제, 사회, 주식시장을 새로운 고점으로 이끌었다고 하겠다.

지금은 미래가 어두워 보일지 모른다. 그러나 존 D. 록펠러가 1932년 7월 자신의 93번째 생일에 정확하게 말했듯 "불황은 왔다가 간다. 호경기는 언제나 되돌아왔으며 또 다시 돌아올 것이다." 우리는 전에도 경제적·재정적 위기를 경험했고, 이번에도 정치적 안정과 감소된 세계적 폭력, 인플레이션, 인간의 창의성, 삶에 대한 열정을 바탕으로 위기를 극복할 것이다!

인플레이션 하나만으로는 붐이 촉발되지 않는다. 새로운 혁신 혹은 기술적 진보가 필요하다. 헨리 포드는 1920년대 대량 생산 시스템을 파급시켰다. 제2차 세계대전은 베이비붐과 미국의 교외화를 야기했으며, 항공 발전은 지구촌을 크게 줄여놓았다. 그리고 1970년대 스태그플레이션의 잿더미에서 마이크로프로세서가 탄생하여 궁극적으로 개인 컴퓨터, 인터넷, 그리고 거의 모든 것을 가능케 하는 글로벌 통신 인프라를 낳았다.

고령화되어 가고 있는 인구는 핸디캡이 아니다. 오히려 기회다. 바이오테크와 제약 회사들은 이 점을 알고 이런 변화하는 인구의 요구를 충족시켜주기 위해 밤낮으로 일하고 있다. 또 현재 개인 전자 장비는 많은 전력을 필요로 하는 반면, 우리 사회는 탄화수소 사용에서 비롯되는 해로운 영향들에 대해 점점 더 신경을 쓰고 있다. 사람들은 앞으로 값싸고 깨끗하고 재생 가능한 에너지를 원하게 될 것이다.

다우의 38,820포인트 도달 시점을 앞당기거나 지연시킬 외부적 사건이 일어날 수도 있다. 유럽의 초대형 입자 가속기가 예정보다 훨씬 빨리 알려져 있지 않은 비밀을 풀어줄 수도 있다. 장담하건대, 과학자들은 정말로 열심히 일한다. 위대한 발명과 현재 당면한 문제들의 해결책은 언제든 태어날 수 있다. 또 유감스럽게도 테러리스트들이 성공의 순간을 맛볼 수도 있는 일이다. 이런 사건들은 정확하게 예측할 수 없다. 그러나 수천 년간 이어져온 인간의 본성과 역경을 이겨낸 정신에는 적어도 노후 자금의 일부를 맡길 만한 가치가 있다. 2025년에 다우존스 산업평균지수가 38,820포인트에 도달한다는 것은 시장 예측이 아니다. 과거에 수없이 그랬던 것처럼, 인간의 창의성이 역경을 극복할 것이라는 기대다.

500퍼센트 지수 상승의 슈퍼 붐 성립 공식

그림 4.1은 나의 장기 예상을 시각적으로 생생하게 표현하고 있다. 그래프를 보면, 횡보장이 2017년 혹은 2018년까지 계속되어 다우지수는 대략 7,000~14,000의 범위에 머물러 있다. 그런 다음 날아올라 2009년 3월 6일 장중 최저가 6,470에서 2025년 38,820까지 500퍼센트 상승을 달성하는 것이다.

  이런 예측에는 미국이 해외에서 벌이고 있는 군사 행동을 그만둔다는 계산이 밑바탕에 깔려 있다. 향후 5~10년 동안 막대한 정부 지출과 관대한 통화 정책으로 상승했던 인플레이션이 수그러들면 주식시장은 6배 규모의 팽창을 시작하게 될 것이다. 그리고 마침내 대체 에너지, 생물공학, 혹은 또 다른 아직 드러나지 않은 분야에서 기술 진보가 이루어지면서 전세계의 문화적 패러다임을 변혁시킬 것이고, 자동차, TV, 마이크로프로세서, 인터넷, 휴대폰이 과거에 그랬던 것처럼 지수적 팽창을 낳을 것이다. 간단히 하자면, "전쟁과 평화 + 인플레이션 + 장기 강세장 + 유용한 기술 = 500퍼센트 지수 상승을 가능케 하는 슈퍼 붐"이라는 등식으로 정리할 수 있을 것이다.

이런 차트를 만들기 위해 나는 지난 20세기 3차례의 대규모 전쟁(제1차 세계대전, 제2차 세계대전, 베트남전)을 둘러싼 3차례 주요 호황과 불황의 주기 동안 시장의 움직임과 세계 경제 동향을 조사했을 뿐 아니라, 시장 침체기와 상승기의 월별, 계절별, 연도별, 그리고 4년별 추세까지 살펴보았다.

다우지수는 다시 10,000포인트를 시험할 것으로 예상된

그림 4.1 향후 13년의 예상

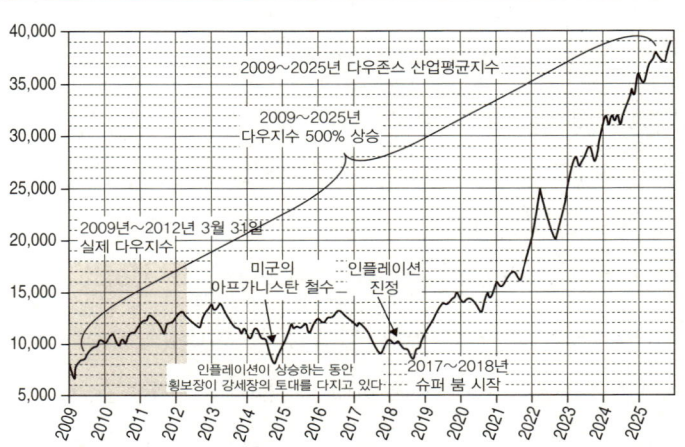

다. 그런 다음에는 2012~13년에 14,000포인트의 저항선 근처로 올라가 멈추었다가 2013~14년 미군이 아프가니스탄에서 철수하면서 8,000포인트까지 떨어질 가능성이 높다. 2015~17년에는 13,000~14,000포인트에서 저항선이 형성될 것으로 예상된다. 2017~18년 8,000포인트의 지지선 테스트가 다시 한 번 일어나고 이때 인플레이션이 진정되며 다음번 슈퍼 붐이 시작될 것이다. 2020년이 되면, 시장은 15,000포인트를 시험하고 있을 것이며 2022년 단기간의 후퇴 뒤 바로 25,000포인트에 도달할 것이다. 2022년 임기 중간 해의 약세장 뒤 다우지수는 3~4년간 40,000포인트를 향해 질주할 것이다.

Summary Note

- 미군이 해외에서 군사 작전을 벌이고 있는 한 시장과 경제는 번영하지 못하고 위축될 것이다.
- 평화가 찾아오면 정부와 민간 부문이 협조하여 혁신과 경제 성장을 촉진시킬 것이다.
- 주택, 고용, 다우지수, 소비, 인플레이션에서 나타나는 단서들이 다음번 슈퍼 붐을 예고할 것이다.

5장

주식시장과 대통령 선거의 은밀한 관계

"1913년 이후,
다우지수는 늘 대선 다음 해에 고점을 찍고
평균 20.9% 하락했다."

월스트리트에서 일어나는 일들은 워싱턴의 상황과 불가분의 관계에 있다. 50년 동안, 《주식 거래자 연감》은 4년의 대선 주기가 시장에 대해 갖는 중요성을 논의하고 입증해왔다. 4년 대선 주기는 우리에게 "충실하고 오래된" 지표다.

  오해하지 마시길. 나는 역사적·계절적 시장 패턴의 강력한 신봉자이기는 하지만, 역사가 결코 똑같이 반복되지 않는다는 사실 역시 잘 알고 있다. 역사는 현재 시장 상황을 진단하고 중요한 미래 추세를 신뢰도 있게 예측하기 위한 길잡이다.

  우리가 《주식 거래자 연감》의 투자자들에게 주장하는 것은 역사적 패턴을 정확하게 따르라는 것이 아니다. 언제 레이더를 곤추세워야 할지 알려면 역사적 패턴을 염두에 두고 있어야 한다는 것이다.

정부는 권력을 유지하기 위해 어떻게 경제를 조종하는가?

대선은 경제와 주식시장에 심대한 영향을 미쳐왔다. 전쟁, 불경기, 약세장은 대통령 임기의 처음 2년 동안 시작되거나 발생하는 경향이 있다. 반면 나머지 2년간은 보통 경제 번영과 강세장이 지배한다. 주식시장은 처음 2년간은 약세였다가 3년째에 가장 큰 폭의 상승을 기록하는 것을 보기가 쉽다.

이런 패턴은 실로 압도적이다. 그림 5.1은 앤드류 잭슨의 첫 임기로 거슬러 올라가 이런 4년의 전체 패턴을 도표로 나타낸 것이다. 1833년 이후 44개 행정부의 마지막 2년(대선 전해, 대선 해)에는 주식시장이 통틀어 724.0퍼센트 상승했다. 이 수치는 이들 행정부의 최초 2년에 273.1퍼센트가 상승한 것을 생각하면 실로 엄청나다.

미국 대통령은 보통 재선을 위해 임기 전반에 보다 고통스런 정책을 실시하고, 후반에 경기를 진작하여 유권자들이 투표소에 들어갈 무렵 형편이 가장 좋게끔 한다. 이런 임기 중반의 바닥은 많은 경우 최악의 6개월 기간 동안 발생한다. 다우지수가 1992년부터 1999년까지 9년 연속으로 상승한 뒤에는 4년 대선 주기가 다시 찾아왔다. 2001년부터 2004년까지는 4년 대선 주기를 보여주는 교과서적 사례였다.

대통령의 자리를 지키기 위해서는 노골적인 경제 조작이 필요하다. 집권 정부는 권력의 고삐를 계속 쥐고 있으려 해서 대선이 끝난 뒤 일찍 욕을 들으려고 한다. 이 때문에

그림 5.1 대선 주기 다우존스 산업평균지수 연간 상승 규모(1833~2011년)

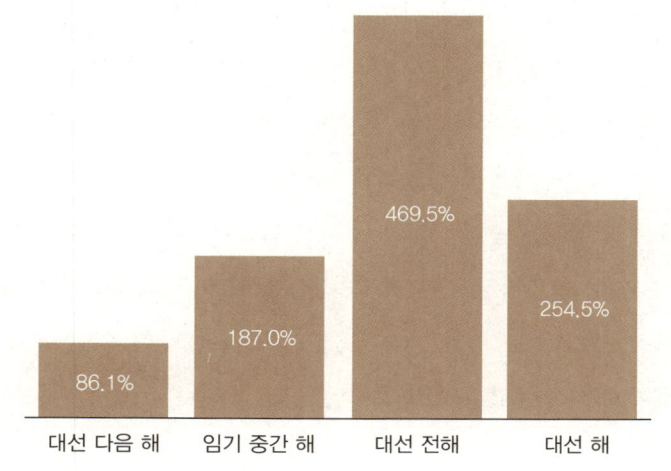

※해당 연도 종가 기준. 1886년 이전의 경우는 콜스 지수와 또 다른 지수에 근거. 1886~1889년은 12개 종목(철도주 10개, 산업주 2개), 1890~1896년은 20개 종목(철도주 18개, 산업주 2개), 1897년은 철도주 평균(최초의 산업주 평균은 1896년 5월 26일 발표됨)

"대선 다음 해 증후군"이 발생한다. 규모가 큰 약세장은 대부분 대선 다음 해, 즉 1929년, 1937년, 1957년, 1969년, 1973년, 1977년, 1981년에 시작되었다. 우리가 치른 큰 전쟁 역시 대선 다음 해에 시작되었다. 남북전쟁은 1861년, 제1차 세계대전은 1917년, 제2차 세계대전은 1941년, 베트남전쟁은 1965년이다. 대선 다음 해였던 2001년과 그 뒤 2002년은 1973년과 1974년(역시 대통령 임기 첫해와 둘째 해) 이후 경험할 수 없었던, 최악의 연속하는 두 해가 되었다. 게다가 2001년에는 9/11이 일어나고 그로 인해 테러와의 전쟁이 시작되고 이라크 전쟁을 위한 준비가 시작되었던 해다.

에드워드 R. 터프트가 쓴 《경제의 정치적 통제》라는 책에는 경제 조작을 입증하는 냉정하고 확고한 증거들이 나온다. 유권자 대중에게 살림살이가 나아진 기분이 들도록 재정적 조치를 통해 일인당 가처분소득을 늘리는 방법은 여러 가지가 있다. 연방정부의 재정 적자, 정부 지출, 사회보장연금 혜택을 늘릴 수도 있고, 정부 공채의 금리를 낮출 수도 있고, 예정된 자금 지출을 앞당길 수도 있는 것이다.

- **연방정부 지출**: 1962~1973년, 평균적인 상승 폭은 대선이 있었던 해가 대선이 없었던 해에 비해 29퍼센트 높았다.

- **사회보장 혜택**: 1952년부터 1974년까지 9차례 증가했다. 대선 해에 증가한 6차례 가운데 3차례는 대선일 8주 전인 9월에 실행되었다. 평균 상승 폭은 대선 해가 임기 중간 해보다 100퍼센트 높았다.
- **실질 가처분소득**: 1947~1973년을 보면, 대선 해는 한 차례만 빼고 모두 증가했다(아이젠하워 재임 시절은 제외). 나머지 홀수 해 중 한 해(1973년)만이 실질 가처분소득의 두드러진 증가를 보여주었다(미국에서 홀수 해는 대선이든 총선이든 선거가 없는 해임―옮긴이).

이런 현상들은 분명 우연의 일치가 아니며 왜 (4년의) 정치적 시장 주기가 형성되는지 설명해준다.

로널드 레이건 재임 시 우리는 1981년과 1982년에 고통의 시기를 보냈고, 그 뒤에는 8년간의 경기 팽창이 따랐다. 그러나 미국의 역사 200년간 쌓인 총 적자보다 더 많은 재정 적자가 이때 생겨났다.

앨런 그린스펀은 1987년 8월 11일 폴 볼커로부터 연준의 지휘봉을 물려받아 경제를 잘 끌고 나갔다. 하지만 페르시아 만에서 군사적 사태가 벌어지면서 미국 경제는 1990년 8월 실질적인 침체에 들어갔다. 침체가 지속되자 결국 부시 대통령은 1992년 재선에 실패하고 말았다. 미국 현직 대통령이 재집권에 실패한 경우는 단 세 차례였다. 1912년 공화당 분열 사태를 맞은 태프트, 1932년 대공황의 깊은 골에서 헤어 나오지 못한 후버, 이란 인질 위기를 극복하지 못한 카터다.

빌 클린턴은 두 차례 임기에서 1990년대의 놀랄 만한 경기 팽창과 주식시장 상승을 이끌었다. 클린턴은 골드만삭스의 수장이었던 로버트 루빈에게 오랫동안 재무성을 맡겼고, 루빈은 클린턴 정부가 월스트리트, 메인스트리트, 연준과 원활하고 호혜적인 관계를 형성할 수 있도록 도왔다.

조지 W. 부시는 불경기와 1970년 이래 가장 고통스런 약세장, 첫 임기 초반 2년 동안(2001~2002년) 있었던 전쟁을 교묘히 헤쳐 나갔다. 이라크에서 초반에 신속하게 성공을 거두고, 월스트리트에 배당세 감면을 포함한 세금 감면을 실시하자, 선거 전해인 2003년 경기 부양이 이루어지고 주식시장이 상승했다. 첫 번째 임기 동안의 저금리와 계속된 규제 완화로 인해 궁극적으로 신용 버블이 만들어져, 대선 전해인 2007년 새로 사상 최고가(다우존스 산업평균지수와 S&P 500 지수)가 기록되었다.

버락 오바마가 집권했을 때는 금융 위기가 세계 시장에 몰아닥쳤을 무렵이었다. 미국은 대공황 이후 최악의 불경기와

1900년 이후 두 번째로 가혹한 약세장을 경험했다. 불경기와 싸우기 위해 기록적인 재정적·통화적 부양책이 실시되었다. 4년의 대선 주기는 위기와 경기 회복 노력에 의해 모습을 감추었지만, 2010년에 이르자 그 영향이 다시 나타났다.

정치적 교착 상태는 시장에 좋을 수도 있다. 하지만 대통령이 민주당인지 공화당인지가 문제가 될까? 미국 정치 상황에서는 6개의 시나리오가 가능하다. 공화당 대통령에 공화당 의회, 공화당 대통령에 민주당 의회, 공화당 대통령에 양분된 의회, 민주당 대통령에 민주당 의회, 민주당 대통령에 공화당 의회, 민주당 대통령에 양분된 의회.

먼저 민주당 대통령과 공화당 대통령 때 각각 다우지수가 역사적으로 어떤 실적을 거두었는지 보면, 사람들이 흔히 믿는 것과 반대되는 패턴이 나타나는 것을 확인할 수 있다. 다우지수는 공화당보다는 민주당 대통령 재임 시에 더 나은 성적을 거두었던 것이다. 다우지수는 역사적으로 민주당 대통령 아래서는 10.0퍼센트, 공화당 대통령 아래서는 6.8퍼센트 상승했다.

의회를 기준으로 살펴보면, 공화당 의회였을 때는 다우지수가 평균 16.8퍼센트 상승했고, 민주당이 의회를 장악했을 때는 6.1퍼센트 상승했다.

공화당이 워싱턴을 완전히 장악했을 때는 다우가 평균 14.1퍼센트 상승했다. 반면 민주당이 백악관과 의회를 모두 손에 넣었을 때는 7.4퍼센트 상승으로 실적이 뒤졌다. 권력이 양분되어 공화당 대통령에 민주당 의회였을 때 다우지수는 평균 6.7퍼센트 상승으로 기록이 좋지 못했다. 모든 투자자를 위한 최상의 시나리오는 백악관을 민주당이 차지하고 의회를 공화당이 장악하는 경우였다. 이때는 다우지수가 평균 19.5퍼센트 올랐다. 가장 비참한 결과는, 공화당 대통령에 민주당 의회로 다우지수의 평균 상승은 단 4.9퍼센트에

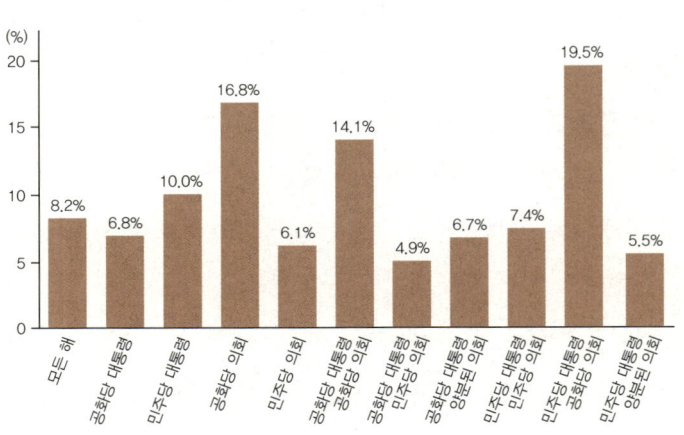

그림 5.2 다우존스 산업평균지수의 연간 변화(1949~2011년)

불과했다. 2008년 다우지수의 33.8퍼센트 하락은 이 수치에 큰 영향을 미쳤다(그림 5.2 참조).

대선 다음 해 증후군: 대가를 지불해야 할 시간

정치는 정치이기 때문에, 대선 해에 집권 정부는 유권자들의 마음을 사로잡기 위해 경제 사정이 좋은 것처럼 보여주려고 애쓴다. 반면 인기 없는 결정은 투표 뒤로 미루려 한다. 이 때문에 미국적인 현상이 하나 생겨났다. 바로 대선 다음 해 증후군이다. 대선 다음 해는 흥겨운 취임식 무도회로 시작되지만, 그 이후에는 대가를 지불해야 한다. 미국인은 이렇게 해서 과거 99년 동안 대개 끔찍한 고통을 치러왔던 것이다.

선거에서 승리한 후보자가 "평화와 번영"이라는 선거 운동 때의 약속을 지키는 경우는 거의 없다. 지난 25차례의 대선 다음 해에는 세 차례의 대규모 전쟁이 시작되었고(1917년의 제1차 세계대전, 1941년의 제2차 세계대전, 1965년의 베트남 전쟁), 네 차례 급격한 약세장은 1929년, 1937년, 1969년, 1973년에 시작되었다. 2001년에는 9/11 테러, 불경기, 계속되는 약세장이 미국인들을 괴롭혔다. 세계적인 금융 위기와 대침체

표 5.1 대선 다음 해에 관한 기록(1913년 이후)

연도	대통령	결과
1913년	윌슨(민주당)	소규모 약세장
1917년	윌슨(민주당)	제1차 세계대전과 약세장
1921년	하딩(공화당)	전후 경기 침체와 약세장
1925년	쿨리지(공화당)	평화와 번영. 할렐루야!
1929년	후버(공화당)	사상 최악의 시장 붕괴
1933년	루스벨트(민주당)	평가 절하, 은행 도산, 침체가 계속되었으나 시장은 강세
1937년	루스벨트(민주당)	또 다시 시장 붕괴, 실업률 20퍼센트
1941년	루스벨트(민주당)	제2차 세계대전, 약세장 지속
1945년	루스벨트(민주당)	전후 산업 수축, 1946년의 붕괴 전 강세장이 형성됨
1949년	트루먼(민주당)	소규모 약세장
1953년	아이젠하워(공화당)	소규모의 전후(한국 전쟁) 약세장
1957년	아이젠하워(공화당)	대규모 약세장
1961년	케네디(민주당)	피그스 만 사태, 1962년의 붕괴 전 강세장이 형성됨
1965년	존슨(민주당)	베트남전 확전, 1966년 약세장이 찾아옴
1969년	닉슨(공화당)	1937년 이후 최악의 약세장이 시작됨
1973년	닉슨, 포드(공화당)	1929년 이후 최악의 약세장이 시작됨
1977년	카터(민주당)	블루칩 주식의 약세
1981년	레이건(공화당)	다시 하락장 시작
1985년	레이건(공화당)	약세장의 기미 전무
1989년	부시(공화당)	1987년 붕괴의 여파가 사라짐
1993년	클린턴(민주당)	S&P 500 7.1퍼센트 상승, 다음 해 1.5퍼센트 하락
1997년	클린턴(민주당)	S&P 500 31.0퍼센트 상승, 다음 해 26.7퍼센트 상승
2001년	부시, 아들(공화당)	9/11, 경기 후퇴, 약세장 심화
2005년	부시, 아들(공화당)	횡보장, 아주 좁은 거래 범위, 다우지수 0.6퍼센트 하락
2009년	오바마(민주당)	3월 금융 위기로 인한 약세장의 바닥 형성

로 인해 다우지수는 역사상 두 번째로 끔찍한 약세장을 맞아 2009년 궁극적인 저점을 기록했다. 1913년, 1917년, 1921년, 1941년, 1949년, 1953년, 1957년, 1977년, 1981년에도 정도는 덜하지만 약세장이 형성되거나 진행 중에 있었다. 1925년, 1989년, 1993년, 1997년에서만 미국인들은 평화와 번영의 축복을 누릴 수 있었다(표 5.1 참조).

공화당은 미국이 전쟁에 참전한 뒤 1921년(제1차 세계대전), 1953년(한국), 1969년(베트남), 1981년(이란)에 민주당으로부터 백악관을 되찾았다. 스캔들이 한몫한 경우도 있었다(2001년). 이런 대선 다음 해에서는 얼마간 아니면 내내 약세장이 형성되었다.

민주당은 국내 문제가 불거진 뒤에 공화당으로부터 권력을 되찾았다. 1913년(공화당의 분열), 1933년(주식시장 붕괴와 대공황), 1961년(경기 후퇴) 1977년(워터게이트), 1993년(경기 둔화), 2009년(금융 위기)의 일이었다. 정권을 잡은 민주당이 대선 다음 해를 맞았을 때 공화당의 분열이나 스캔들 뒤에는 시장이 약세였고, 어려운 경제적 시기 뒤에는 강세를 띠었다.

과거를 보면, 민주당이 백악관에서 공화당을 내쫓았을 때 시장이 그 반대의 상황보다 더 좋은 실적을 냈다는 것을 알

수 있다. 과거에 민주당이 국내 문제 덕분에 권력을 잡았다면, 공화당은 국제 문제를 발판 삼아 백악관을 차지했다.

윌슨은 공화당의 분열 사태, 카터는 워터게이트 스캔들 덕분에 선거에서 승리했다. 루스벨트, 케네디, 클린턴은 경제 사정의 악화로 대통령이 될 수 있었다. 공화당은 민주당 정권 때 대규모 전쟁이 시작된 뒤 정권을 되찾았다. 하딩, 아이젠하워, 닉슨이 그 덕을 보았다. 이란 사태는 지미 카터를 무력한 인물로 비치게 했고, 레이건에게는 호재가 되었다. 경기 후퇴도 없었고 당혹스런 외교적 사태도 없었지만 부시에게 큰 도움이 되었던 것은 클린턴의 스캔들이었다. 지리멸렬한 민주당과 "전시 대통령"이라는 위상은 조지 부시가 2004년 백악관을 지키는 데 도움을 주었다. 금융 위기와 근래 최악의 경기 침체는 2008년 오바마에게 백악관으로 들어가는 티켓을 건네주었다.

또한 다우지수는 1913년 이후 대선 다음 해의 고가에서 그 뒤 임기 중간 해의 저가까지 평균적으로 20.9퍼센트 하락했다는 사실을 지적할 필요가 있겠다.

임기 중간 해: 바닥을 노리는 사람들의 낙원

미국 대통령은 지난 두 세기 동안 4년 주기로 비슷하게 반복되는 춤을 추어왔다. 중간 선거에서 여당의 참패 뒤 대통령은 다음 2년간 연방정부 지출·가처분소득·사회보장 혜택을 늘리고 금리와 인플레이션을 낮추는 재정 정책을 추진했다. 그러고 나서는 대선일 전까지 어떻게든 유권자들의 마음을 사로잡아 여당이 4년 더 백악관을 지킬 수 있도록 안무를 짜고 춤을 추었다.

선거전과 승리의 기쁨이 지나가고 국정 운영이 시작되면, 시장은 후퇴를 하는 경향이 있다. 사실 대선 뒤 2년간 거의 예외 없이 하락장이 시작되었다가 끝이 났다. 1962년 쿠바 미사일 위기, 1966년 금융 경색, 1970년 캄보디아 사태, 1974년 워터게이트와 닉슨의 사임, 1982년 국제 통화 제도 붕괴의 위험 등 바닥은 종종 위기의 분위기 가운데 형성되었다. 그러나 위기는 대개 주식시장에서 기회를 창출했다. 1961년 이후 13차례의 4년 주기에서 형성된 16차례의 약세장 가운데 9차례는 대통령 임기 중간 해에서 바닥을 기록했다(표 5.2 참조).

보통 대규모 조정은 대선 후 1~2년 내에 일어난다. 지난

표 5.2 임기 중간 해에 관한 기록(1914년 이후)

연도	대통령	결과
1914년	윌슨(민주당)	7월에 바닥. 전쟁으로 폐장
1918년	윌슨(민주당)	해가 시작되기 12일 전 바닥 형성
1922년	하딩(공화당)	해가 시작되기 4개월 반 전 바닥 형성
1926년	쿨리지(공화당)	하락(7주, −17%)이 3월 30일에 겨우 끝남
1930년	후버(공화당)	1929년의 대붕괴가 1930년 내내 지속. 바닥 안 보임
1934년	루스벨트(민주당)	최초의 루스벨트 약세장 2월부터 7월 26일 바닥(−23%)
1938년	루스벨트(민주당)	1937년의 대규모 약세장이 3월 끝남 다우지수는 49퍼센트 하락
1942년	루스벨트(민주당)	4월에 제2차 세계대전 약세장의 바닥 형성
1946년	트루먼(민주당)	시장이 5월에 천장, 10월에 바닥을 찍음
1950년	트루먼(민주당)	1949년 6월 바닥. 1950년 6월 한국 전쟁 발발로 14퍼센트 하락
1954년	아이젠하워(공화당)	1953년 9월 바닥 형성 후 줄곧 상승
1958년	아이젠하워(공화당)	1957년 10월 바닥 형성 이후 줄곧 상승
1962년	케네디(민주당)	6월과 10월 바닥
1966년	존슨(민주당)	10월 바닥
1970년	닉슨(공화당)	5월 바닥
1974년	닉슨, 포드(공화당)	다우지수는 12월에 바닥, S&P는 10월에 바닥
1978년	카터(민주당)	3월 바닥. 그 후 10월에도 주가 급락
1982년	레이건(공화당)	8월 바닥
1986년	레이건(공화당)	1985년이나 1986년에 바닥이 형성되지 않음
1990년	부시(공화당)	10월 11일 바닥(이라크의 쿠웨이트 침공)
1994년	클린턴(민주당)	10퍼센트 하락 후 4월 4일 바닥 형성
1998년	클린턴(민주당)	10월 8일 바닥(아시아 통화 위기, 헤지펀드 사태)
2002년	부시, 아들(공화당)	10월 9일 바닥(기업 위법 행위, 테러, 이라크)
2006년	부시, 아들(공화당)	2006년 바닥 형성되지 않음. (이라크 전쟁 승리, 신용 거품)
2010년	오바마(민주당)	2009년 3월 바닥 형성 이후 줄곧 상승

13차례의 임기 중간 해에서 9차례는 약세장이 시작되거나 진행 중이었다. 우리가 강세장을 경험한 것은 1986년, 2006년, 2010년이었고, 1994년은 횡보장이었다.

임기 중간 해의 바닥에서 가장 작은 상승 폭을 기록한 경우는 1946년의 저점에서 14.5퍼센트 상승했을 때다. 이때는 제2차 세계대전 이후 산업이 위축되어 있을 때였다. 그 다음으로 작은 상승 폭을 기록한 것은 1978년의 21.0퍼센트(OPEC의 유가 인상과 이란 혁명), 1930년의 23.4퍼센트(경제 붕괴), 1966년의 26.7퍼센트(베트남 전쟁), 2010년의 32.3퍼센트(유럽의 부채 위기)였다.

1914년 이후 다우지수는 임기 중간 해의 저점에서 그 다음 대선 전해의 고점까지 평균적으로 48.6퍼센트 상승했다. 이런 상승 폭은, 예컨대 10,000에서 15,000으로, 아니면 13,000에서 19,500으로 상승한 것과 같다(표 5.3 참조).

대선 전해: 1939년 이후 다우지수는 하락하지 않았다

전쟁으로 찢긴 1939년은 다우지수가 2.9퍼센트 하락했다. 하지만 이후로 대통령 임기 3년째 해에 다우지수가 하락을 기

표 5.3 임기 중간 해의 저점부터 대선 전해의 고점까지 다우지수의 변화

	임기 중간 해의 저점		대선 전해의 고점		
	저점 형성 일자	다우지수	고점 형성 일자	다우지수	상승 폭(%)
1	1914년 7월 30일*	52.32	1915년 12월 27일	99.21	89.6
2	1918년 1월 15일**	73.38	1919년 11월 3일	119.62	63.0
3	1922년 1월 10일**	78.59	1923년 3월 20일	105.38	34.1
4	1926년 3월 30일*	135.20	1927년 12월 31일	202.40	49.7
5	1930년 12월 16일*	157.51	1931년 2월 24일	194.36	23.4
6	1934년 7월 26일*	85.51	1935년 11월 19일	148.44	73.6
7	1938년 3월 31일*	98.95	1939년 9월 12일	155.92	57.6
8	1942년 4월 28일*	92.92	1943년 7월 14일	145.82	56.9
9	1946년 10월 9일	163.12	1947년 7월 24일	186.85	14.5
10	1950년 1월 13일**	196.81	1951년 9월 13일	276.37	40.4
11	1954년 1월 11일**	279.87	1955년 12월 30일	488.40	74.5
12	1958년 2월 25일**	436.89	1959년 12월 31일	679.36	55.5
13	1962년 6월 26일*	535.74	1963년 12월 18일	767.21	43.2
14	1966년 10월 7일*	744.32	1967년 9월 25일	943.08	26.7
15	1970년 5월 26일*	631.16	1971년 4월 28일	950.82	50.6
16	1974년 12월 6일*	577.60	1975년 7월 16일	881.81	52.7
17	1978년 2월 28일*	742.12	1979년 10월 6일	897.61	21.0
18	1982년 8월 12일*	776.92	1983년 11월 29일	1287.20	65.7
19	1986년 1월 2일	1502.29	1987년 8월 25일	2722.42	81.2
20	1990년 10월 11일*	2365.10	1991년 12월 31일	3168.84	34.0
21	1994년 4월 4일	3593.35	1995년 12월 13일	5216.47	45.2
22	1998년 8월 31일*	7539.07	1999년 12월 31일	11497.12	52.5
23	2002년 10월 9일*	7286.27	2003년 12월 31일	10453.92	43.5
24	2006년 1월 20일	10667.39	2007년 10월 9일	14164.53	32.8
25	2010년 7월 2일**	9686.48	2011년 4월 29일	12810.54	32.3
			평균		48.6%

*약세장 끝남
**전해에 시장이 약세였음

록한 적은 한 번도 없었다. 대선 전해에 심각한 주가 하락이 일어났던 사례는 100년 전으로 거슬러 올라가 대공황 때인 1931년에 볼 수 있었다.

대통령을 4년마다 뽑기 때문에 주식시장에는 정치적인 순환 주기가 만들어졌다. 대부분의 약세장은 선거 뒤 1~2년 동안 생겨난다. 그런 다음 시장은 상승한다. 왜 그런가 하면, 선거 때에 유권자들이 긍정적인 마음을 가질 수 있도록 각 행정부가 가능한 모든 수단을 동원하기 때문이다(표 5.4 참조).

표 5.4 대선 전해에 관한 기록(1915년 이후)

연도	대통령	결과
1915년	윌슨(민주당)	유럽에서 제1차 세계대전 발발. 하지만 다우지수는 81.7퍼센트 상승
1919년	윌슨(민주당)	정전 협정 뒤 11월 3일의 천장까지 45.5퍼센트 상승. 다우는 30.5퍼센트 상승
1923년	하딩/쿨리지(공화당)	티폿 돔 스캔들*이 악재로 작용. 다우는 -52.7퍼센트, S&P는 -47.1퍼센트 기록
1927년	쿨리지(공화당)	강세장 지속. 28.8퍼센트 상승
1931년	후버(공화당)	대공황. 주가가 반 토막 남. 다우 -52.7%, S&P -47.1%
1935년	루스벨트(민주당)	한 해 동안 거의 줄곧 상승. S&P 41.2%, 다우 38.5% 상승
1939년	루스벨트(민주당)	전쟁의 먹구름. 다우 -2.9%. 하지만 4월~12월에는 23.7% 상승. S&P -5.5%

연도	대통령	결과
1943년	루스벨트(민주당)	미국 참전. 전망 낙관적. S&P +19.4%, 다우 +13.8%
1947년	트루먼(민주당)	S&P 변화 없음, 다우 2.2% 상승
1951년	트루먼(민주당)	다우 +14.4%, S&P +16.5%
1955년	아이젠하워(공화당)	다우 +20.8%, S&P +26.4%
1959년	아이젠하워(공화당)	다우 +16.4%, S&P +8.5%
1963년	케네디/존슨(민주당)	다우 +17.0%, S&P +18.9%
1967년	존슨(민주당)	다우 +15.2%, S&P +20.1%
1971년	닉슨(공화당)	다우 +6.1%, S&P +10.8%, 나스닥 +27.4%
1975년	포드(공화당)	다우 +38.3%, S&P +31.5%, 나스닥 +29.8%
1979년	카터(민주당)	다우 +4.2%, S&P +12.3%, 나스닥 +28.1%
1983년	레이건(공화당)	다우 +20.3%, S&P +17.3%, 나스닥 +19.9%
1987년	레이건(공화당)	10월의 주식시장 붕괴에도 불구하고, 다우 +2.3%, S&P +2.0%, 나스닥 -5.4%
1991년	부시(공화당)	다우 +20.3%, S&P +26.3%, 나스닥 +56.8%
1995년	클린턴(민주당)	다우 +33.5%, S&P +34.1%, 나스닥 +39.9%
1999년	클린턴(민주당)	열기가 계속 고조됨. 다우 +25.2%, S&P +19.5%, 나스닥 +85.6%
2003년	부시, 아들(공화당)	사담 후세인의 패배 후 줄곧 상승. 다우 +25.3%, S&P +26.4%, 나스닥 +50.0%
2007년	부시, 아들(공화당)	신용 거품으로 사상 최고가 기록. 그 뒤 약세장과 대침체 시작됨. 다우 +6.4%, S&P +3.5%, 나스닥 +9.8%
2011년	오바마(민주당)	유럽 부채 위기. 다우 +5.5%, S&P -0.003%, 나스닥 -1.8%

*티폿 돔 스캔들은 당시 내무장관이 뇌물을 받고 정부 소유 유전을 석유업자들에게 불법으로 임대해준 사건임 — 옮긴이

대선 해: 몇 가지 조사와 관찰

4년 주기의 대통령 선거 결과를 12~18개월 전에 알 수 있다면, 대선 해에 시장이 어떻게 움직일지 훨씬 정확하게 통찰할 수 있을 것이다. 물론 그렇게 하지 못하기 때문에, 나는 과거의 기록을 조사했다. 1900년 이후 여당이 백악관을 수성한 경우는 17차례였고, 이때 대선 해의 다우지수는 평균 15.3퍼센트의 상승을 기록했다. 여당이 대선에서 패한 11차례는 다우지수가 평균 4.4퍼센트 하락했다.

아들 조지 부시는 일반투표에서 이기지 못했으나 재선에 성공한 최초의 미국 대통령이었다. 전직 대통령 존 애덤스의 아들이기도 한 존 퀸시 애덤스와 벤저민 해리슨은 재선에 실패한 경우다. 러더퍼드 B. 헤이스는 1880년 대통령 선거에 다시 나가지 않기로 결정했다.

전시 대통령의 인기는 대개 전쟁이 끝날 무렵이면 사라진다. 아니면 적어도 사라지고 있는 것처럼 보이는데, 그 뒤 다시 대선의 막이 오른다. 민주당은 제1차 세계대전, 한국 전쟁, 베트남 전쟁 뒤인 1920년, 1952년, 1968년에 권력을 잃었다. 공화당은 사막의 폭풍 작전 동안 매우 높은 인기를 누렸음에도 불구하고 1992년 백악관을 잃었다(영국 최고의 지도자 윈스턴 처칠 경조차 독일에 대한 연합군의 압도적인 승리를 이끌고 난 뒤 곧바로 1945년 7월에 권력을 잃었다). 현대에 넘어와서는 트루먼이 제2차 세계대전의 종전 이후인 1948년에도 유일하게 권력을 유지할 수 있었다. 그의 경쟁자 듀이는 선거에서 승리할 것으로 예상되었으나, 결과는 그렇지 못했다. 2004년 이라크 전쟁과 테러와의 전쟁이 여전히 진행 중인 가운데 부시의 인기는 전혀 시들지 않았다. 이상 6차례의 대선 해에 주가는 발목이 잡혀 있었다.

전쟁이 진행 중이거나 일어날 기미가 보이면 보통 대통령에게 국민의 지지가 결집되는 현상이 일어난다. 20세기에 재선에 성공한 대통령 가운데는 제1차 세계대전 참전 전의 윌슨(1916년)과 제2차 세계대전 참전 전의 루스벨트(1940년)가 있다. 전쟁이 진행 중일 때, 루스벨트는 1944년에 네 번째로 대통령에 선출되었고, 닉슨은 1972년 재선에 성공했다. 다우지수는 앞의 두 경우에 하락했고, 뒤의 두 경우에는 상승했다. 19세기에서도 전례를 찾아볼 수 있는데 매디슨이 1812년의 미국영국전쟁 동안 재선되었고, 링컨은 남북전쟁의 와중에 1864년 재선되었다.

외부적 사건이 일어났을 때를 제외하면, 시장은 현직 대통령이 선거에서 졌을 때보다 재선되었을 때 상황이 더 나았다. 지난 100년간 선출 대통령이 재선에 도전했던 13차례의 기록을 살펴보면, 현직 대통령이 재선에 성공했을 때 다우지수는 평균 6.9퍼센트 상승한 반면, 재선에 실패한 경우는 평균 0.9퍼센트 상승에 그쳤다. 이들 9명의 당선자 가운데 전쟁 동안 재선에 도전했던 5명의 경우는 다우지수의 평균 상승이 2.6퍼센트에 그쳤다. 다른 4명, 즉 루스벨트, 아이젠하워, 레이건, 클린턴 때는 다우지수가 평균 12.4퍼센트 상승했다.

1900년 이후 백악관은 주인이 10번 바뀌었다. 대부분의 경우 민주당은 해외의 전쟁이 끝나거나 상황이 나빠졌을 때 권력을 잃은 반면, 공화당은 국내 문제가 제대로 해결되지 않았을 때 짐을 싸야 했다. 이상 얘기한 전쟁 외에도 민주당은 이란 인질 위기가 벌어졌을 때 1980년에 백악관에서 쫓겨났다. 공화당은 1912년(당의 분열), 1932년(대공황), 1960년(경기 후퇴), 1976년(워터게이트), 2008년(금융 위기)에 국내 문제로 인해 권력을 잃었다.

_현직 대통령이 재선에 출마했을 때 다우지수는 9퍼센트 상승

1896년 다우존스 산업평균지수가 만들어진 이래 현직 대통령이 재선에 도전한 경우는 19번 있었다. 다우지수는 이런 19번의 대선 해 가운데 14번 상승을 기록했다. 5퍼센트가 넘는 하락은 단 두 차례 일어났다. 1932년 대공황 때 다우존스 산업평균지수는 23.1퍼센트 하락했고, 후버 대통령은 다우지수 사상 최악의 약세장이 형성되면서 재선에 실패했다. 1930년 4월부터 1932년 7월까지 블루칩은 평균 86퍼센트 하락했다. 그는 또한 시장이 하락세일 때 자리를 잃은 유일한 현직 대통령이었다.

아이러니하게도 현직 대통령이 재선에 실패한 다른 4번의 대선 해에는 다우지수가 상승을 기록했다. 제2차 세계대전의 포화가 1940년 유럽을 뒤덮었을 때는, 다우지수가 12.7퍼센트 하락했다. 이 19번의 대선 해에서 다우지수는 평균 9퍼센트 상승했다. 현직 대통령이 재선에 성공했을 때 다우지수가 10.7퍼센트 올랐고, 낙선했을 때는 4.3퍼센트 상승했다. 시장은 인기 있는 대통령 아래서 상승하거나 아니면 인기 없는 대통령이 물러났을 때 환호하여 상승세를 탔다. 표 5.5에서 이 사실을 확인할 수 있을 것이다.

표 5.5 대선 해 다우존스 산업평균지수의 변화(1896년 이후)

연도	대통령	다우지수(%)		
1900년	맥킨리(공화당)	7.0	승리	
1904년	시어도어 루스벨트(공화당)	41.7	승리	시어도어 루스벨트는 맥킨리가 사망하자 대통령 자리에 올랐다.
1912년	태프트(공화당)	7.6	패배	
1916년	윌슨(민주당)	-4.2	승리	
1924년	쿨리지(공화당)	26.2	승리	쿨리지는 하딩이 사망하자 대통령 자리에 올랐다.
1932년	후버(공화당)	-23.1	패배	
1936년	프랭클린 루스벨트(민주당)	24.8	승리	
1940년	프랭클린 루스벨트(민주당)	-12.7	승리	
1944년	프랭클린 루스벨트(민주당)	12.1	승리	
1948년	트루먼(민주당)	-2.1	승리	트루먼은 루스벨트가 사망하자 대통령 자리에 올랐다.
1956년	아이젠하워(공화당)	2.3	승리	
1964년	존슨(민주당)	14.6	승리	존슨은 케네디가 사망하자 대통령 자리에 올랐다.
1972년	닉슨(공화당)	14.6	승리	
1976년	포드(공화당)	17.9	패배	포드는 닉슨이 사임하자 대통령 자리에 올랐다.
1980년	카터(민주당)	14.9	패배	
1984년	레이건(공화당)	-3.7	승리	
1992년	부시(공화당)	4.2	패배	
1996년	클린턴(민주당)	26.0	승리	
2004년	부시, 아들(공화당)	3.1	승리	
	평균 상승	9.0%		
	상승 횟수/하락 횟수	14/5		
	대선 승리 시	10.7%		
	대선 패배 시	4.3%		

_대선 해의 마지막 일곱 달은 두 차례만 하락을 기록

대선이 있는 해는 전통적으로 상승 해이다. 집권 정부는 유권자들이 그들을 찍어주도록 수단과 방법을 가리지 않고 경기를 부양하려고 한다. 하지만 때때로 압도적인 영향력의 사건이 일어나면 시장이 붕괴되고, 정권이 바뀌는 상황이 발생한다.

1920년 전후 경제가 위축되고 윌슨 대통령의 건강이 나빠지자 공화당은 선거에서 승리했다. 1932년 대공황 때 다우지수가 20세기의 최저점으로 떨어지자 민주당은 백악관을 되찾았다. 세계가 전쟁에 빠져들고 프랑스가 함락되면서 1940년 시장이 큰 충격을 받았으나, 루스벨트는 전무후무한 3선 대통령의 자리에 올랐다. 냉전이 대두되고 트루먼이 예상과 달리 듀이에게 승리하자, 시장은 1948년 말까지 약세를 면치 못했다.

1948년 이후 대선 해에 투자가들은 연초의 짧은 기간 외에는 피해를 입은 적이 거의 없었다. 단 2000년과 2008년은 예외다. 이 두 해에는 거품이 터졌다. 2000년에는 기술주와 인터넷주의 거품이, 2008년에는 신용 거품이 터진 것이다. 짐작하건대 또 다른 엄청난 규제 실패나 금융 위기, 정치적 오판,

외부적 사건이 없다면, 2012년에 이런 일이 다시 일어날 것 같지는 않다.

대선 해의 마지막 일고여덟 달은 시장이 일반적으로 대단히 강세를 띤다. 다음을 보자.

- 1952년 이후, 1월부터 4월까지 시장이 하락한 것은 15차례의 대선 해 가운데 8차례였다. 이 8차례의 경우 중 6차례는 여당이 백악관을 빼앗겼다. 아이러니하게도 시장이 상승한 7차례 중 4차례의 경우(1956년, 1968년, 1973년, 1976년)는 그 뒤 약세장이 시작되었다.
- 4월 말과 6월 말을 비교해보면, 현직 대통령이 재선에 나가지 않은 1952년, 1960년, 1968년, 1988년, 2000년의 경우에는 이 4월 말부터 6월 말까지의 60일간 주식시장이 상승했다는 것을 알 수 있다.
- 1952년 이후 대선 해의 7월을 보면, 15차례 중 9차례 하락장이 기록되었다(1960년, 1968년, 1976년, 1984년, 1988년, 1996년, 2000년, 2004년, 2008년). 이 가운데 5차례는 전당대회 때 강력한 현직 대통령이 재선에 도전하고 있지 않을 때였다. 4월부터 7월까지 하락장이었던 것은 여섯 차례였고, 후반의 네 차례는 연속해서 일어났다. 1972년은 하락

폭이 작았고, 1984년은 시장이 방향을 바꾸고 있을 무렵이었다. 1996년과 2000년은 과도한 거품이 빠지기 시작했을 때고, 2004년과 2008년은 신용 거품이 터졌을 때다.

- 12월까지 보다 폭넓은 시야에서 살펴보면 대선 해의 마지막 8개월 동안 하락장이 형성된 것은 단 3차례며, 마지막 7개월 동안 하락장을 기록한 것은 단 2차례에 불과했다는 것을 알 수 있다.

_현직 대통령이 승리했을 때와 패배했을 때

1944년 이후, 주가는 백악관의 주인이 인기가 있을 때 초반에 상승하는 경향을 보여주었지만, 인기 없는 행정부가 물러났을 경우에는 11월과 12월에 더 나은 실적을 거두었다.

3월, 6월, 10월, 12월은 현직 대통령이 권력을 유지할 때 최고의 실적이 기록되었고, 반면 7월은 최악이었다. 현직 대통령이 물러났을 때는 1월, 2월, 9월, 10월에 실적이 가장 부진했다. 아이러니하게도 11월은 현직 대통령이 낙선했을 때 기록이 가장 좋고 선거에서 승리했을 때는 두 번째로 기록이 좋지 않았다.

다른 흥미로운 부수적 사실을 나열해보겠다. 여당이 백악

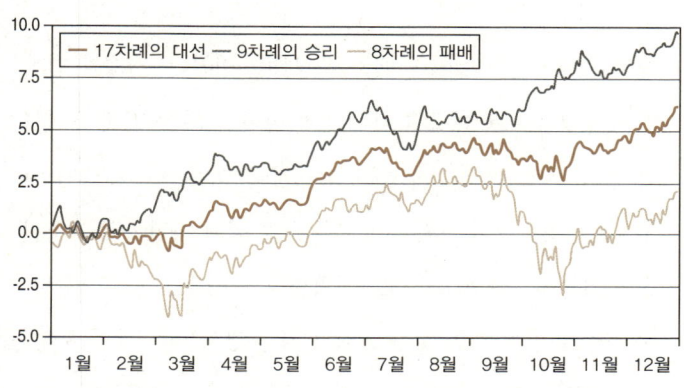

그림 5.3 1944~2008년의 대선 해에 나타난 S&P 500 지수의 추세

관을 지켰을 때 10월에는 큰 하락이 없었고(1984년은 아주 약간 하락), 6월과 12월에는 한 차례뿐이었다. 11월에 공화당이 이겼을 때는 시장이 통틀어 23.6퍼센트 상승했다(승부가 박빙이었던 2000년은 제외). 민주당이 승리했을 때는 11월에 통틀어 4.9퍼센트 하락했다. 하지만 12월에는 민주당이 16.4퍼센트, 공화당이 7.9퍼센트 상승을 기록했다.

> **Summary Note**

- 정치와 선거는 시장에 명백하게 영향을 미친다. 전쟁과 인기 없는 정책은 보통 대통령 임기의 첫 번째 혹은 두 번째 해에서 볼 수 있는데, 이로 인해 대개 약세장이 형성된다. 1913년 이후 대선 다음 해의 고점에서 임기 중간 해의 저점까지 다우지수는 평균적으로 20.9퍼센트 하락했다.
- 하지만 세 번째 해인 대선 전해가 되면 행정부는 "경기 부양"에 관심의 초점을 맞춘다. 그리하여 나라와 유권자들의 경제적 상황을 개선하기 위한 정책들이 실시된다. 1914년 이후 임기 중간 해의 저점에서 선거 전해의 고점까지 다우지수는 평균적으로 거의 50퍼센트 상승했다.

6장

주식하기 좋은
최고의 6개월

"1950년 이후,
수익이 최고로 높은 달은
11월부터 4월까지였다."

완벽한 거래 전략이나 전술, 방법 같은 것은 존재하지 않는다. 그러나 우리가 개발한 "최고의 6개월 전환 거래법Best Six Months Switching"은 지금까지 더할 나위 없는 기록을 보여주었다. 이 거래 기법은, "5월에 팔고 떠나라."는 오래된 금언을 동전의 한쪽 면이라고 했을 때 그 다른 쪽 면에 해당한다. 시장의 계절성은 문화적 행위가 반영된 것이다. 예전에는 농업이 중요한 요인이었다. 농업은 8월을 주식시장 최고의 달로 만들었다. 하지만 지금 8월은 최악의 달에 속한다.

   이런 사정은 여름 휴가철의 행위 양태와도 일치한다. 여름 휴가철에 거래자와 투자자들은 트레이딩 플로어나 컴퓨터 스크린보다는 골프장이나 해변, 혹은 수영장에 있기를 선호

한다. 반면 수치를 끌어올리려는 기관의 노력은 4분기에 시장이 상승하는 데 일조한다. 크리스마스 쇼핑과 연말 보너스 지급도 마찬가지다.

그 뒤에는 새해가 시작된다. 이때는 새로운 마음으로 긍정적으로 미래를 예측·예상하고 4분기와 1분기 실적의 호조를 기대하게 된다. 그 뒤 여름에는 거래량이 하락하기 마련이다. 그러다가 9월에는 모두들 다시 학교로, 직장으로 돌아온다. 3분기 말 포트폴리오 윈도우 드레싱(기관 투자가들이 결산기를 앞두고 보유종목의 종가 관리를 통해 수익률을 끌어올리는 것—옮긴이)은 주식 매각으로 이어져 9월은 일반적으로 한 해 중 최악의 달이 된다. 계절성이 얼마간 바뀔 수 있을지 모르지만, 기록은 주식시장에 계절적 추세가 분명히 존재한다는 것을 보여준다.

최고의 6개월 거래 전략

최고의 6개월 거래 전략은 일관된 성공을 가져다준다. 1950년 이후 해마다 11월 1일부터 4월 30일까지 다우존스 산업평균지수에 투자했다가 자금을 회수해 나머지 6개월 동안은 채권에 투자했다면 누구든 확실한 수익을 냈을 것이다.

11월, 12월, 1월, 3월, 4월은 1950년 이후 수익이 최고로 높은 달이었다. 여기에 2월을 포함시키면, 매우 효과적인 거래 전략이 마련된다. 62년 동안 다우지수는 이 연속하는 6개월에서 37차례 상승과 25차례 하락을 기록하여 14,654.27포인트가 늘어났고, 5월부터 10월까지는 48차례 상승과 14차례 하락을 기록하여 1,654.97포인트가 빠졌다. S&P도 똑같이 최고의 6개월 동안 1,477.55포인트가 늘어났고, 최악의

그림 6.1 6개월 전환 거래 전략(1950~2012년)

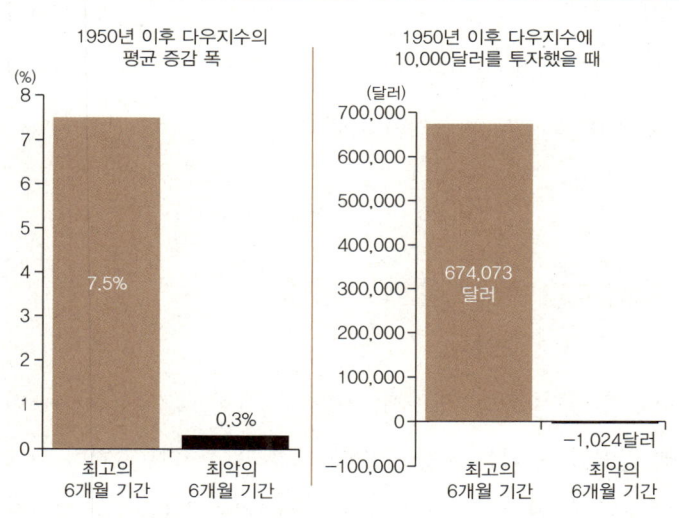

6개월 동안 97.71포인트가 빠졌다.

   그림 6.1은 다우지수의 변화율과 10,000달러 투자의 결과를 보여준다. 11월부터 4월까지의 674,073달러라는 수익은, 5월부터 10월까지의 1,024달러라는 손실을 기록 면에서 압도한다. 11월부터 4월까지는 단 세 차례만 두 자릿수 손실이 났다. 1970년 4월(캄보디아 침공), 1973년(OPEC의 석유 금수 조치), 2008년(금융 위기)에 일어난 일이다. 이와 비슷하게, 2003년은 이라크 전쟁으로 최고의 6개월이 별 볼일 없는 시기로 전락하는 한편 최악의 6개월은 실적이 더욱 악화되었다. 1986년 우리가 이런 전략을 발견했을 때, 11월부터 4월의 실적은 88,163달러 수익으로 5월부터 10월의 1,522달러 손실을 크게 앞섰다. 결과는 지난 25년간 더 크게 벌어져 585,910달러 대 498달러가 되었다.

시대에 따라 거래 타이밍은 변한다

시대의 풍경이 변화하면서 거래에 적합한 시기는 과거에 비해 길어졌다. 나는 시장 상황에 따라 보다 적기를 찾아 이르거나 늦게, 최고의 6개월 기간에 들어갔다가 나올 수 있도록

표 6.1 나스닥, S&P, 다우에 10,000달러 투자 시 결과(1971년 이후)

달수	달	나스닥	S&P	다우
〈최고의 달〉				
9	10월 1일~6월 30일	350,180	167,390	175,769
8	11월 1일~6월 30일	356,169	144,829	170,089
8	10월 1일~5월 31일	273,992	153,668	187,038
6	11월 1일~4월 30일	192,319	97,502	152,245
4	11월 1일~2월 28일	99,775	34,369	40,846
3	11월 1일~1월 31일	91,774	36,991	38,963
〈최악의 달〉				
3	7월 1일~9월 30일	3,795	3,264	3,433
4	7월 1일~10월 31일	3,197	1,906	2,539
4	7월 1일~9월 30일	2,133	3,054	3,892
6	5월 1일~10월 31일	1,838	1,221	2,228
8	3월 1일~10월 31일	16,603	21,866	19,019
9	2월 1일~10월 31일	17,997	19,288	19,681

거래 타이밍을 줄곧 조정해왔다. 어떻게 그렇게 하는지는 마지막 장에서 설명할 것이다. 1974년 이후 처음으로 최고의 6개월 기간이 2007년과 2009년 사이에 두 차례 연속으로 하락한 반면, 최악의 6개월 기간은 2009년에 기록이 크게 향상되었다. 1974년 바닥에서도 정확히 이런 일이 일어났는데, 어쨌든 1970년대 말과 1980년대 초의 횡보장에서도 6개월 거래 전략은 탁월한 성적을 냈다.

나스닥이 11월부터 6월까지 8개월 동안 놀라운 상승을 기록한 것은, '시대는 변한다'는 것을 잘 보여준다. 1971년 이후 이 8개월 기간에 10,000달러를 투자했다면, (2012년 5월 31일 현재) 384,337달러를 벌어들였을 것이다. 반면 다른 4개월, 즉 7월부터 10월까지는 3,196달러의 손실이 났을 것이다.

표 6.1은 다양한 기간에 걸쳐 계절적 거래 전략을 이용하여 나스닥, 다우, S&P에 투자했을 때 어떤 결과를 얻는지 보여준다. 가장 뛰어난 실적이 난 것은 나스닥에 9개월간 투자했을 때다. 최고의 달로 구성된 모든 기간에서 나스닥은 S&P를 두 배 이상 앞질렀다.

4분기 시장의 마법

시장의 실적을 분기별로 조사해보면 몇 가지 흥미롭고 유익한 패턴을 발견할 수 있다. 4분기 시장의 상승 폭은 마법이랄 만큼 가장 크고 일관된 수익의 기회를 제공한다. 1분기 실적은 그 다음으로 좋다. 보통 이 두 분기에 현금 유입, 거래량, 매수 심리가 커지기 때문에 당연한 결과일 수 있다.

긍정적인 시장 심리는 축제 시즌이 다가오면서 절정에 달하고 봄이 올 때까지 수그러들지 않는다. 전문가들이 연말

표 6.2 다우, S&P, 나스닥의 분기별 변화 폭

	1분기	2분기	3분기	4분기	해	2~3분기	4~1분기
다우존스 산업평균지수(1949~2012년 3월)							
평균	2.1	1.6	0.4	3.9	8.2	2.0	6.3
대선 다음 해	−1.1	1.6	0.2	3.4	4.4	1.8	5.2
임기 중간 해	1.5	−1.8	−0.5	7.3	6.7	−2.2	15.3
대선 전해	7.5	5.3	1.6	2.3	17.7	6.8	3.2
대선 해	0.8	1.2	0.4	2.3	4.6	1.6	1.2
S&P 500(1949~2012년 3월)							
평균	2.0	1.7	0.5	4.1	8.6	2.3	6.6
대선 다음 해	−1.2	2.2	0.4	3.1	4.8	2.7	4.3
임기 중간 해	1.0	−2.8	0.1	8.0	6.4	−2.7	16.0
대선 전해	7.5	5.2	1.1	3.0	17.1	6.3	4.6
대선 해	1.4	2.1	0.6	2.1	6.1	2.6	1.0
나스닥 종합지수(1949~2012년 3월)							
평균	4.4	3.3	−0.4	4.4	11.9	3.2	9.1
대선 다음 해	−3.3	6.8	1.3	4.2	8.4	8.1	6.3
임기 중간 해	2.1	−3.4	−5.2	8.9	1.7	−8.1	23.3
대선 전해	13.8	8.0	1.7	5.1	30.9	12.1	7.8
대선 해	3.9	1.3	0.6	−0.6	4.8	2.4	−3.1

실적을 최대화하기 위해 포트폴리오를 조정하면서 시장이 더 높이 상승하는 동력이 된다. 사람들이 받은 보너스는 해가 바뀔 무렵에 시장에 투자된다.

시장의 4년 주기 가운데 가장 달콤한 순간은 임기 중간 해의 4분기에 시작된다. 최고의 두 분기라면 단연 임기 중간 해의 4분기부터 대선 전해의 1분기라고 할 것이다. 이때 평균적으로 다우지수는 15.3퍼센트, S&P 500은 16.0퍼센트, 나스닥은 무려 23.3퍼센트 상승했다.

이런 강세는 대선 전해의 후반에 접어들며 약해지지만, 어쨌든 대선 해까지 꽤 인상적으로 유지된다. 선거 다음 해의 1분기와 3분기 그리고 임기 중간 해의 1분기와 2분기는 하락이 지배적이다(표 6.2 참조).

두 가지 시장 현상의 완벽한 조화

나는 시장의 원리, 패턴, 전략들을 개선하고 하나하나 그 효용과 진위를 입증하려고 노력하는 과정에서, '최상의 6개월 기간'과 '4년 주기'라는 두 가지 보편적인 시장 현상을 하나로 결합할 수 있었다. 이 두 가지 경향은 비록 완벽하지는 않을지라도 시간의 검증을 거쳤다.

반복되는 주식시장의 계절적 패턴과 대선으로 인한 4년의 시장 주기는 46년 전 최초의《주식 거래자 연감》이 나온 이후로 우리의 조사와 연구에서 빠질 수 없는 대상이 되었다. 예일 허시 Yale Hirsch 는 1986년에 최고의 6개월 현상을 발견했다. 이 발견은 그 이후 우리의 계절적 투자 분석과 전략의 초석이 되었다.

시장 수익의 대부분은 최고의 6개월 기간에 달성되었다. 시장은 일반적으로 매 4년 가운데 첫 번째 해(대선 다음 해)나 두 번째 해(임기 중간)에 저점을 찍고, 세 번째 해(대선 전해)에 가장 큰 상승 폭을 기록한다. 시장이 임기 중간 해의 늪에 빠져 허우적대는 동안 여름이 막바지에 접어들면, 4년 주기의 가장 달콤한 순간이 찾아온다.

이 두 가지 시장 현상을 조합하여 활용하면, 4년마다 4차례 거래를 하는 것만으로 최고의 6개월 거래 기법에만 의존하여 얻는 결과의 거의 3배에 달하는 이익을 얻을 수 있다. 표 6.3에서 보듯, 우선 여러분은 이 책의 마지막 장에서 설명할 간단한 기술적 지표를 이용하여 대선 다음 해와 임기 중간 해에 매수 및 매도 거래를 해야 한다. 그리고 그 다음에는

표 6.3 매 4년의 4차례 거래

해	최악의 6개월: 5~10월	최고의 6개월: 11~4월
대선 다음 해	매도	매수
임기 중간 해	매도	매수
대선 전해	보유	보유
대선 해	보유	보유

임기 중간 해의 10월 1일부터 대선 다음 해의 4월 1일 이후 어느 때까지, 대략 2.5년 동안 매수 물량을 보유하고만 있으면 되는 것이다. 그러면 수익은 커지고, 노력은 덜 들고, 거래 비용은 낮아지고, 납세 건수는 줄어들 것이다.

계절적 패턴에 대처하라

J. P. 모건이 말했듯이 주가는 오르내리더라도 대개 매해 같은 패턴을 따라 오르내린다. 기술과 인간의 습성이 끊임없이 바뀌고 변한다 해도 시장은 해마다 같은 주기를 반복한다. 전형적인 한 해를 보면, 시장의 상승은 대부분 11월부터 4월까지 단 6개월 동안 이루어진다. 시장에 이 6개월 동안만 투자하면 리스크를 반으로 줄일 수 있다(그 이상일 수 있다. 왜냐하면 많은 대규모 주가 하락은 5월부터 10월 사이에 일어나기 때문이다). 뿐만 아니라 보다 일관되게 수익을 얻을 수 있고, 그러면 더 즐거운 여름을 맞을 수 있을 것이다.

그러나 최고의 6개월과 최악의 6개월이 나뉘는 현상을, 단순히 거래 전술이나 투자 전략으로만 이용할 것은 아니다. 계절적 시장 패턴에 관한 지식을 활용하면 전반적인 투자와 관련하여 더 나은 결정을 내릴 수 있다. 시장이 10월에서 3월 사이에 큰 폭으로 상승했다고 해도 공격적인 태도로 주식시장에 많은 돈을 퍼붓는 것은 좋은 생각이 아니다. 반면 시장이 크게 하락하고 나서 10월에 강력한 기세로 반등하면 장기 포지션을 취할 절호의 기회라고 생각할 수 있다.

마지막으로 계절적 패턴은 그 자체가 지표가 될 수 있다. 2007년 10월부터 2008년 3월까지 시장이 하락했다는 것은 주가 폭락 사태가 일어날 것이라는 명백한 신호였다. 반면 2009년 3월부터 9월까지 다우지수가 50퍼센트 상승했다는 것은 글로벌 금융 위기, 대침체, 30년 만의 혹독한 약세장이 끝났다는 강력한 신호였다.

Summary Note

- 한 해 중 최고의 6개월은 11월부터 4월까지다.
- 대부분의 해에서 10월이나 11월에 시장에 들어갔다가 4월이나 5월에 시장에서 나오는 간단한 거래 전략으로 수익을 늘리고 리스크를 줄일 수 있다.
- 주식시장의 계절적 패턴에 주의를 기울이면, 시장을 더 잘 이해하고 모든 투자 결정에 있어 도움을 얻을 수 있다.

7장

마녀의 계절엔
단기 수익을 올려라

"3월의 트리플 위칭 주간에는 항상 단기 고점이 형성된다."

6월, 9월, 12월의 세 번째 금요일에 해골과 교차하는 두 개의 뼈 그림을 세 개 집어넣었다. 이런 방법으로 우리는 월스트리트에서 널리 알려지게 된 "트리플 위칭Triple Witching"이라는 새로운 개념을 접목시켰던 것이다. 2001년에는 해골과 뼈 그림 대신 현재 우리가 이용하는 마녀 그림을 넣었다. 달의 인력이 조수에 영향을 미치는 것처럼, 옵션과 선물 계약의 만기는 주식시장을 현금이 들어오고 나가는 변동성 주기에 묶어놓는다. 이런 현금의 유입과 유출이 결국 주가를 움직이는 것이다.

금융계의 주술

거래자들은 오랫동안 분기마다 일어나는 이런 현상을 이해하고 대처하기 위해 노력해왔다. 매달 세 번째 금요일에 옵션이 만기되지만, 3월, 6월, 9월, 12월에는 강력한 마녀들의 집회가 성대하게 열린다. S&P 지수선물이 1982년 6월 거래를 시작한 이래 개별주식옵션, 주가지수옵션, 주가지수선물이 해마다 4차례, 동일한 시기에 모두 만기된다. 이를 시장에서는 트리플 위칭이라고 한다.

최근 개별주식선물이 생겨나면서 쿼드러플 위칭Quadruple Witching이라는 말을 쓰는 사람들도 있다. 그러나 개별주식선물을 위한 시장은 아직 상대적으로 작기 때문에 이 말은 충분히 주목받고 있지 못하다. 최근 일주일 만기 옵션이나 또 다른 비표준화 옵션 계약이 양산되었지만, 그렇다고 해도 주가지수선물의 영향이 감소되거나 트리플 위칭의 주기가 약화되지는 않았다.

주식 거래 전반에 있어서 변동성과 거래량이 커진 것은 종종 트리플 위칭(금요일의 만기일과 그 전 며칠 동안)과 관련되어 있다. 트리플 위칭의 패턴과 계절적 특징을 조사해보면, 이런 마술 같은 일을 이해하는 실마리를 얻을 수 있고, 남들보다 유리한 상황에서 손실은 줄이는 한편 이익은 크게 늘릴 수 있을 것이다.

우리는 오랫동안 일관성 있는 거래 패턴을 찾고자 트리플 위칭 만기일 당일이나 그 전후에 시장에서 어떤 일이 일어나는지 분석했다. 이는 결코 쉬운 일이 아니었다. 왜냐하면 패턴이 분명하게 드러나면 시장은 거의 언제나 이를 예상하고 패턴이 바뀌는 경향이 있기 때문이다. 이것은 우리가 트리플 위칭 때 다우존스 산업평균지수가 어떻게 움직이는지 조사하면서 발견한 사실 가운데 하나다.

마녀의 계절

트리플 위칭 주는 지난 10년간 더욱 강세를 보였다. 반면 트리플 위칭 다음 주는 보다 약세를 띠었고, 특히 2분기에 더 그러했다. 6월의 경우 트리플 위칭 다음 주는 1998년 이후 상승을 기록한 적이 없다. 트리플 위칭 주는 횡보장 때 하락하는 경향이 있으며, 약세장일 때는 극적일 만큼 큰 하락을 보여주었다.

트리플 위칭 주가 약세면 그 다음 주도 약세를 보이는 경향이 있었다. 이 패턴은 가장 흥미로운 현상이었다. 1991년 이후 29차례의 트리플 위칭 주가 약세를 보였을 때 그 다음 주가 약세를 띤 경우는 21차례였다. 이는 그전 10년이 정반대되는 패턴을 보여주었던 만큼 더욱 놀라운 일이라고 하겠다. 그전에 약세를 나타냈던 13차례의 트리플 위칭 주를 보면, 그 다음 주는 12차례나 강세를 기록했던 것이다.

트리플 위칭 주를 분기별로 분석해보면, 더욱 분명한 패턴이 드러난다. 독자들은 표 7.1에서 2, 3분기 트리플 위칭 주의 약세가 두드러지며 그 다음 주는 끔찍할 정도라는 것을 확인할 수 있을 것이다. 반면 1분기와 4분기의 강세가 확고부동하다는 편견은 사실로 입증되었다.

강세를 보이는 트리플 위칭 주가 11월부터 4월까지 최상의 6개월 기간에 속해 있는 반면, 5월부터 10월까지 최악의 6개월 기간에 속한 트리플 위칭 주에 거래를 하면 꽤나 비참한 결과를 맛본다는 사실은 우연이라고 할 수 없다.

1991년 이래 2분기의 트리플 위칭 주는 12차례 상승했고, 9차례 하락했다. 그 다음 주의 성적은 잔혹하여 19차례 하락했고, 단 2차례 상승했다. 트리플 위칭 주가 12차례 상승했을 때 그 다음 주가 한 차례 상승을 기록했고, 트리플 위칭 주가 9차례 하락을 기록했을 때 그 다음 주는 8차례 하락했다.

3분기의 트리플 위칭 주는 성적이 약간 나아 지난 21차례 가운데 13차례 상승을 기록했다. 그러나 트리플 위칭 다음 주는 지난 21차례 가운데 16차례 하락했다. 트리플 위칭 주가 13차례 상승을 기록했을 때 그 다음 주가 4차례 상승했고, 트리플 위칭 주가 8차례 하락을 기록했을 때 그 다음 주는 7차례 하락했다.

표를 보면 1분기와 4분기에 극적인 변화가 일어난다. 1분기의 트리플 위칭 주는 성적이 상당히 좋아 지난 22차례 가운데 15차례 상승을 기록했다. 하지만 그 다음 주는 하락이 13차례였다. 트리플 위칭 주가 15차례 상승했을 때 그 다음 주는 6차례 상승했고, 트리플 위칭 주가 7차례 하락했을 때 그 다음 주는 4차례 하락했다.

4분기의 트리플 위칭 주는 가장 유리한 기회를 제공한다. 4분기의 트리플 위칭 주는 지난 21차례 가운데 16차례 상승을 기록했고, 그 다음 주는 21차례 가운데 15차례 상승했다. 트리플 위칭 주가 16차례 상승을 기록했을 때 그 다음 주는 12차례 상승했고, 트리플 위칭 주가 5차례 하락을 기록했을 때 그 다음 주는 2차례 하락했다.

표 7.1 트리플 위칭 주와 그 다음 주의 다우지수 포인트 변화

	1분기 만기주	그 다음 주	2분기 만기주	그 다음 주	3분기 만기주	그 다음 주	4분기 만기주	그 다음 주
1991	-6.93	-89.36	-34.98	-58.81	33.54	-13.19	20.12	167.04
1992	40.48	-44.95	-69.01	-2.94	21.35	-76.73	9.19	12.97
1993	43.76	-31.60	-10.24	-3.88	-8.38	-70.14	10.90	6.15
1994	32.95	-120.92	3.33	-13.84	58.54	-101.60	116.08	26.24
1995	38.04	65.02	86.80	75.05	96.85	-33.42	19.87	-78.76
1996	114.52	51.67	55.78	-50.60	49.94	-15.54	179.53	76.51
1997	-130.67	-64.20	14.47	-108.79	174.30	4.91	-82.01	-76.98
1998	303.91	-110.35	-122.07	231.67	100.16	133.11	81.87	314.36
1999	27.20	-81.31	365.05	-303.00	-224.80	-524.30	32.73	148.33
2000	666.41	517.49	-164.76	-44.55	-293.65	-79.63	-277.95	200.60
2001	-821.21	-318.63	-353.36	-19.05	-1369.70	611.75	224.19	101.65
2002	34.74	-179.56	-220.42	-10.53	-326.67	-284.57	77.61	-207.54
2003	662.26	-376.20	83.63	-211.70	173.27	-331.74	236.06	46.45
2004	-53.48	26.37	6.31	-44.57	-28.61	-237.22	106.70	177.20
2005	-144.69	-186.80	110.44	-325.23	-36.62	-222.35	97.01	7.68

(계속)

	1분기 만기주	그 다음 주	2분기 만기주	그 다음 주	3분기 만기주	그 다음 주	4분기 만기주	그 다음 주
2006	203.31	0.32	122.63	-25.46	168.66	-52.67	138.03	-102.30
2007	-165.91	370.60	215.09	-279.22	377.67	75.44	110.80	-84.78
2008	410.23	-144.92	-464.66	-496.18	-33.55	-245.31	-50.57	-63.56
2009	54.40	497.80	-259.53	-101.34	214.79	-155.01	-142.61	191.21
2010	117.29	108.38	239.57	-306.83	145.08	252.41	81.59	81.58
2011	-185.88	362.07	52.45	-69.78	516.96	-737.61	-317.87	427.61
2012	310.60	-151.89						
상승 횟수	15	9	12	2	13	5	16	15
하락 횟수	7	13	9	19	8	16	5	6

정신없는 월요일, 괴이한 금요일

나는 월요일과 금요일 시장의 움직임에 상당히 큰 중요성을 둔다. 거래자들이 주초와 주말에 어떻게 행동하는지는 시장의 향후 진로를 암시하기 때문이다. 따라서 트리플 위칭 주의 월요일과 만기일인 금요일의 시장 움직임은 훨씬 더 큰 중요성을 갖는다고 하겠다.

3월의 경우, 트리플 위칭 주의 월요일을 보면 지난 22회 가운데 15회 상승을 기록했고, 금요일은 11회 상승했다. 6월에는 월요일이 21회 가운데 11회 상승했고, 금요일은 12회 상승을 기록했다. 한 해 중 최악의 달이라고 할 9월의 경우, 월요일이 지난 21회 가운데 14회 상승을 기록했고, 금요일은 상승이 13회였다(2004년부터 2011년까지는 8차례 연속). 최고의 달 가운데 하나로 꼽히는 12월은 최근 트리플 위칭 주에 대단한 강세를 나타냈다. 12월의 경우 트리플 위칭 주 월요일에 다우지수는 지난 21년간 12차례 상승했으며, 금요일은 13차례 상승했다.

대개 변동 폭이 큰 3월에는 거래자와 투자자들이 트리플 위칭 때문에 아마도 더욱 가슴을 졸일 것이다. 하지만 3월의 트리플 위칭 주는 보통 강세를 띠므로 그 전에 포지션을 취해두는 것이 단기 투자자들에게는 어쨌거나 가장 현명한 투자 방법이 될 것이다. 단기의 고점은 보통 3월의 트리플 위칭 주에 형성되기 때문이다.

마녀의 시약

일을 배워나가고 주식시장의 계절적 경향에 친숙해지면서, 어느덧 나의 눈에는 금요일 만기일과 트리플 위칭의 주기가 너무도 분명한 것이 되었다. 아주 일관되고 규칙적으로, 전 세계의 거대 금융 기관에 의해 엄청난 액수의 돈이 움직이는, 이러한 금융 거래는 주식시장에 무척 두드러진 주기적 패턴을 만들었다.

  이렇게 분기마다 일어나는 일들을 염두에 두는 것은, 포트폴리오를 조정할 때 매우 중요하다. 트리플 위칭 이후에 롱 포지션을 취하고, 트리플 위칭 주에 이익을 실현하면, 대부분의 경우 더 나은 결과를 얻을 수 있다. 6월과 9월 트리플 위칭 주와 그 다음 주는 특히 변동성이 큰데, 이때 대단히 조심해야 한다는 것을 명심하기 바란다.

> **Summary Note**

- 3월, 6월, 9월, 12월에 있는 "트리플 위칭(분기별 개별주식옵션, 주가지수옵션, 주가지수선물의 만기)"은 시장에 큰 영향을 미치며, 뚜렷한 패턴을 만들어낸다.
- 만기주는 최고의 6개월 기간 중 12월과 3월에 특히 강세를 보이며, 6월과 9월에는 강세가 미미하다.
- 만기 다음 주는 12월을 제외하고는 피하는 게 최선이다. 만기주에 상당한 이익을 얻을 수 있기 때문에, 그 다음 주에서까지 이익을 기대하지 않는 게 좋다. 하락 주는 그 뒤에 하락 주가 따르는 경향이 있다.

8장

연중 매수하기
가장 좋은 세 달

"1950년 이후,
8월부터 10월 사이에
약세장 바닥의 58%가 무너졌다."

주식시장의 계절성은 인간의 본성 탓인지 몰라도 어느 정도 자연과 닮아 있다. 하지만 주식시장에서는 늦여름과 초가을에 씨가 뿌려지고, 겨울과 봄에 수확이 이루어진다는 차이가 있다. 앞으로 네 개 장에 걸쳐 월별로 계절적 패턴을 다룰 텐데, 그 순서는 주식시장의 계절적 변화에 맞추어졌기 때문에 달력과는 좀 다를 것이다.

  나는 월별, 계절적 경향에 관한 논의를 8월에서부터 시작하고자 한다. 이유는 꽤 단순하다. (1950년 이후 현대에 들어와) 지난 19차례의 약세장 바닥 가운데 11차례가 8월이나 9월, 10월에 무너졌기 때문이다. 보다 최근으로는 1982년 이후 8차례의 약세장 가운데 6차례가 이 석 달에 끝이 났다. 이 3개월은 대개 주가가 훨씬 낮기 때문에 새롭게 롱 포지션을 취하거나 기존의 보유 물량을 늘릴 최상의 시기다.

조심해야 할 8월 August Annals

20세기 전반에는 농작물 수확으로 생긴 자금 덕분에, 8월이 주식시장에서는 더없이 좋은 달이 될 수 있었다. 사실 8월은 1901년부터 1951년까지 최고의 달이었다. 1900년에는 미국 인구의 37.5퍼센트가 농업에 종사하고 있었다. 하지만 지금은 농업 인구가 2퍼센트에도 미치지 못하며, 8월은 한 해 중 가장 실적이 나쁜 달 가운데 하나가 되었다. 특히 S&P 500은 지난 15년간 8월에 최악의 실적을 냈다.

러시아의 혼란, 아시아의 통화 위기, LTCM 헤지펀드 사태로 인해 생긴 사상 최단기의 약세장(45일)은 1998년 8월 31일에 끝났다. 다우지수는 이달 1,344.22포인트의 기록적인 하락으로 15.1퍼센트가 빠졌다. 이 수치는 1950년 이래 두 번째로 큰 월별 하락 폭이었다. 다우지수는 이날 하루 512.61포인트, 즉 6.4포인트 하락하여, 당시로서는 1987년 10월 이후 최대의 일일 하락을 기록했다. 사담 후세인은 쿠웨이트를 침공하여 1990년 8월 10.0퍼센트의 지수 하락을 불러왔다. 다우지수가 8월에 가장 크게 상승한 것은 약세장이 끝났던 1982년(11.5퍼센트)과 1984년(9.8퍼센트)이었다.

 8월에 주식을 거래하면 이 달의 고유한 하락 경향 때문에 낭패를 당하기 십상이다. 8월에 재난이 끝나지 않고 되풀이되는 것은 아마도 인기 있는 휴가철에 트레이딩 플로어(주식 객장)가 텅텅 비기 때문일 것이다.

 8월은 보통 대선 다음 해에 시장 하락이 일어난다. 기록을 보면, 다우존스 산업평균지수에서는 최악의 달이며, S&P 500, 나스닥, 러셀 1000에서는 두 번째로 나쁜 달이며, 러셀 2000 지수에서는 바닥에서 세 번째 달이다. 임기 중간 해의 8월은 신통치 않은 이 달의 전체적인 실적에서 벗어나지 않는다. 대선 전해의 8월은 준수한 실적을 냈고, 다우지수와 S&P 500 지수에서는 약간 높은 월별 순위에 들었다. 대선 해의 8월은 훨씬 나았다. 실제로 러셀 1000과 러셀 2000 지수에서 모두 실적이 가장 좋은 달의 자리에 올랐고, 중소형주로 구성된 러셀 2000 지수는 이 달에 평균 3.5퍼센트 상승폭으로 5차례의 상승, 3차례의 하락을 기록했다.

 만기주 월요일을 보면, 다우지수는 지난 22차례 중 15차례 상승했고, 몇 차례는 상승 폭이 무척 컸다. 만기주 금요일에는 22차례 중 12차례 하락했다. 만기주는 전체적으로 절반 넘는 경우가 하락했고, 폭락한 경우도 몇 차례 있었다. 2011년, 다우지수는 만기주에 4퍼센트 빠졌다. 한편 만기 다음 주는 약간 강세를 띤다. 2000년부터 2004년까지는 5차례 연속으로 상승했다가 지난 7년에는 4차례의 하락을 기록했다. 2011년의 4.3퍼센트 상승은 그 전주의 모든 하락을 만회했다.

 8월은 9번째 거래일까지 약세를 나타내며, 중반이 가장 강한 강세를 보인다. 8월 말은 거래자들이 여름을 마무리하며 월스트리트에서 철수하면서 시장이 주저앉는 경향을 보인다. 특히 마지막 닷새는 지난 16년 중 10차례에 걸쳐 하락을 경험했고, 다우지수는 지난 16년 동안 말일 전날에 겨우 4차례 상승했을 뿐이다. 같은 기간에 8월의 마지막 닷새를 보면, 평균적으로 다우지수는 1.5퍼센트, S&P 500은 1.3퍼센트, 나스닥은 1.0퍼센트 하락을 기록했다. 중소형주로 구성된 러셀 2000은 그나마 실적이 약간 나아 -0.2퍼센트를 기록했다.

9월의 시나리오 September Scenarios

9월은 애매하기는 하지만 연중 최악의 달이라는 오명을 쓰고 있다. 1996년부터 1998년까지 닷컴 버블의 뜨거운 열기 속에서 행복한 4년을 보낸 뒤, 9월은 1999년부터 2002년까지 4년간 연속으로 쑥대밭이 되었다. 월초는 강세를 보이는 경향이 있다. 볕에 탔던 피부가 원래의 빛깔을 되찾기 시작하고, 아이들이 다시 학교로 향하면, 3분기의 마지막을 대비하는 펀드 매니저들은 포트폴리오 정비에 들어간다. 그러면 월말에 주가가 크게 하락한다. 나 같은 경우는 기관에서 계정을 정리하기 전에 롱 포지션을 처분해버린다.

대선 다음 해의 9월은, 대선 다음 해 중 최악의 달이라고 할 수는 없더라도 큰 폭으로 하락하는 경향을 보인다. 지난 15차례의 대선 다음 해 중 9차례에 걸쳐, 9월은 얼마간 대단치 않은 상승을 기록했다. 그중 6차례의 상승은 큰 사건과 관련되어 있었다. 우선 1953년 9월에 약세장이 끝난 것은 한국전쟁이 종전되고 나서였다. 1965년 9월에는 베트남 전쟁과 관련하여 국방비 지출이 가속화되자 주가 상승을 위한 환경이 조성되었다. 1973년의 경우는 시장의 하락세가 8월에 중단되었는데, 그전까지 시장은 욤 키푸르 전쟁과 워터게이트 사건, OPEC의 석유 금수 조치로 1973년과 1974년 내내 지독한 약세를 면치 못했던 것이다. 클린턴 대통령은 1997년 7월 자본이득세 감면 법안에 서명함으로써 1997년 9월의 주가 상승에 일조했다. 그러나 그해 8월과 10월은 각각 7.3퍼센트와 6.3퍼센트의 하락이 있었다. 2005년에는, 허리케인 카트리나가 뉴올리언스를 휩쓸고 지나간 뒤 시장이 9월에 반등했다. 그리고 글로벌 금융 위기에 대응하여 역사적인 재정적·통화적 부양책이 실시되었을 때는 시장이 2009년 7월부터 2010년 4월까지 거의 줄곧 상승 가도를 달렸다.

임기 중간 해를 보면, 제2차 세계대전 이후 시장이 10월에 8차례 바닥을 형성했을 때 9월은 그에 앞서서 투자자들을 곤경에 빠뜨리곤 했다. 상황이 유리한 대선 전해의 경우에도 9월은 취약한 고리 역할을 했다. 하지만 지난 11차례의 대선 해에 S&P 500은 단 4차례의 하락을 기록했다. 현직 대통령이 재선에 출마하여 당선되었던 1972년과 1984년, 그리고 현직 대통령의 출마 없이 선거가 치러졌던 2000년(5퍼센트 넘게 하락), 그리고 리먼 브라더스가 파산했던 2008년의 일이다.

9월 트리플 위칭 주의 월요일과 금요일은 소홀히 다루어져서는 안 될 중요한 날들이다. 다우지수는 월요일에 지난 22년 동안 15차례 상승했다. 트리플 위칭 주의 금요일은 2004년부터 2011년까지 연속으로 8번 상승을 기록했다. 하지만 보다 긴 기간의 기록은 그보다 약간 좋지 않아 지난 22년간 13차례 상승했다. 트리플 위칭 주는 특히 약세장에서 끔찍한 결과를 낳을 수 있으니 조심해야 한다. 트리플 위칭 다음 주의 결과는 잔인했다. 지난 22년간 17차례의 하락을 기록했고, 다우지수는 평균 1.2퍼센트의 하락 폭을 보였다.

악명에도 불구하고 9월은 얼마간 강세 경향을 보여준다. 9월의 열한 번째 거래일은 먹구름 속에서 빛을 볼 수 있는 날이다. 다우존스 산업평균지수는 이날, 지난 10년간 8차례 상승을 기록했다. 상승 폭은 평균 0.6퍼센트고, 놀랍게도 이날 다우지수는 통틀어 720.24포인트 올랐다.

임기 중간 해에서 9월에 다우지수가 상승한 경우는 예외 없이 저점이 이미 형성되어 새롭게 랠리가 진행 중이었을 때다. 표 8.1은 임기 중간 해 9월의 다우지수 상승 폭을 내림차순으로 정리한 것이다. 그리고 그 옆에는 그 다음 3개월의 변화 폭, 해당 연도의 변화 폭, 그리고 임기 중간 해 저점에서 대선 전해 고점까지의 상승에 관한 수치를 제시해놓았다.

표 8.1 임기 중간 해의 다우지수 변화

연도	임기 중간 해의 저점		9월 변화(%)	10월 변화(&)	11월 변화(%)	12월 변화(%)	년 변화(%)	선거 전해의 고점		상승 폭
	일자	다우지수						일자	다우지수	
2010	Jul 02	9686.48	7.7	3.1	-1.0	5.2	11.0	Apr 29	12810.54	32.3%
1954	Jan 11	279.87	7.3	-2.3	9.8	4.6	44.0	Dec 30	488.40	74.5
1958	Feb 25	436.89	4.6	2.1	2.6	4.7	34.0	Dec 31	679.36	55.5
1950	Jan 13	196.81	4.4	-0.6	1.2	3.4	17.6	Sep 13	276.37	40.4
1998	Aug 31	7539.07	4.0	9.6	6.1	0.7	16.1	Dec 31	11497.12	52.5
1942	Apr 28	92.92	2.6	4.5	0.4	4.3	7.6	Jul 14	145.82	56.9
2006	Jan 20	10667.39	2.6	3.4	1.2	2.0	16.3	Oct 09	14164.53	32.8
1918	Jan 15	73.38	2.2	1.0	-5.1	1.3	10.5	Nov 03	119.62	63.0
1938	Mar 31	98.95	1.6	7.3	-1.3	3.3	28.1	Sep 12	155.92	57.6
1906	Jul 13	62.40	0.9	-2.0	2.4	-0.8	-1.9	Jan 07	70.60	13.1
1910	Jul 26	53.93	0.1	6.3	-2.7	-1.4	-17.9	Jun 19	63.78	18.3
1914	Jul 30	52.32	제1차 세계대전			4.3	-5.4	Dec 27	99.21	89.6
	평균		3.5	2.9	1.2	2.5	15.0			48.9%

※ 1901년 이래 9월의 지수 상승은 그전의 저점에서부터 비롯되었다

10월의 기회 October Occasions

10월은 종종 월스트리트에 공포를 불러일으킨다. 1929년, 1987년, 554포인트가 빠진 1997년 10월 27일, 연속적인 폭락이 일어났던 1978년과 1979년, 1989년 13일의 금요일, 733포인트가 빠졌던 2008년 10월 15일의 기억 때문이다. 이 달에 발생하는 대규모 주가 폭락을 설명하기 위해 "10월 공포증Octoberphobia"이라는 용어가 생겨났을 정도다. 시장의 재앙은 자기 충족적 예언의 결과가 될 수 있기 때문에, 시장을 지켜보면서 그런 일이 발생했을 때 여러분은 낭패를 당하지 않기 바란다.

하지만 한편으로 10월은 반전의 달이 되었고, "곰 사냥꾼bear killer"이라는 별명까지 얻었다. 제2차 세계대전 이후, 1946년, 1957년, 1960년, 1962년, 1966년, 1974년, 1987년, 1990년, 1998년, 2001년, 2002년, 2011년의 12차례 약세장은 10월에 끝이 났다. 8차례는 임기 중간 해의 바닥이었다.

뉴스레터를 발행한 40년 동안 우리는, 이런 임기 중간 해 10월의 바닥에서 벌떡 일어나 구독자들에게 굵은 글씨체의 헤드라인으로 "매수! 매수! 매수! 매수! 매수! 매수! 매수! 매수! 매수! 매수!"라고 두 차례 외쳤다. 1974년 10월의 경우를 보자면, 예일 허시는 워터게이트와 OPEC의 석유 수출 금지, 그리고 대공황 이후 최악의 약세장이었음에도 불구하고 위험 따위는 상관하지 않고 배짱 좋게 그런 조언을 했던 것이다. 보다 최근으로는 2002년 10월 16일에도 그렇게 열렬하게 매수를 조언을 했던 것인데, 나스닥이 2000년 천장에서 무려 77.9퍼센트 하락한 약세장이 끝나고 며칠 뒤의 일이다. 기업의 불법 행위, 테러리즘, 9/11의 기억, 아프가니스탄 전쟁, 임박한 이라크와의 전쟁으로 얼룩진 이 약세장은 1970년대 이후 최악의 약세장이었다.

10월은 주식시장에는 대개 끔찍한 달이었으며, 1950년부터 1997년까지 합산하여 다우존스 산업평균지수가 가장 많이 하락한 달이기도 했다. 그러나 1997년의 폭락 사태 이후, 10월은 투자자들에게 두 번째로 좋은 달이 되었다. 지난 14년간 11차례의 상승을 기록했던 것이다. 2011년 10월은 다우지수가 1,000포인트 넘게 상승한 두 번째 달이었다. 첫 번째는 1999년 4월이었다. 연중 최악의 6개월 기간은 10월에 끝난다. 10월은 시장의 떠오르는 별이자 곰 사냥꾼이 되었고, 또 이제는 롱 포지션을 취하기 위한 적기로 평가받고 있다.

대선 다음 해를 보면, 다른 달들이 약세의 늪에 빠졌던 반면 10월은 꽤 괜찮은 실적을 냈다. 임기 중간 해의 10월은 앞에서 언급한 대규모 반등 덕분에 매우 좋은 기록을 자랑한다. 다우, S&P 500, 나스닥, 러셀 1000에서는 최고의 실적을, 러셀 2000에서는 두 번째로 좋은 실적을 기록했다. 10월은 대선 전해의 경우 가장 취약한 달이었지만, 강세장에서는 큰 폭의 상승을 보였다. 최근의 1999년, 2003년, 2011년이 그런 경우다. 대선 해 10월은 보통 모든 해 10월의 평균과 기록이 비슷하다. 그러나 2008년의 끔찍한 부진은 평균을 크게 깎아먹었다. 일반적으로 대선 해 10월의 실적은 현직 대통령의 재선 가능성에 따라 올라가고 내려간다.

  10월의 옵션 만기주는 많은 기회를 제공한다. 만기주 월요일에 다우지수는 1982년 이후 겨우 5차례 하락했을 뿐이며, 러셀 2000은 1990년부터 2006년까지 연속으로 17년간 상승했다. 하지만 지난 5년 중에는 4차례 하락했다. 금요일 만기일은 만기주가 전체적으로 그렇듯 다소 불규칙한 기록을 보여준다. 10월에 바닥이 형성되고 나서는 만기 다음 주가 대단히 강세를 띠지만, 그렇지 않은 경우는 하락하기 쉽다. 약세라면 이때를 새롭게 롱 포지션을 취하는 기회로 삼을 수 있다.

  월초 시장은 하루 이틀 소폭 상승한 뒤 하락하는 경향을 보인다. 중반이 되면 옵션 만기일 무렵에 시장이 보다 강세를 띤다. 그런 다음 세 번째 주에 약세가 나타난다. 마지막 며칠 동안 형성되는 강세는 가장 믿을 만하여, 말일 전날 다우지수와 S&P 500은 지난 21년 동안 14차례의 상승을 기록했다. 일일 상승 폭은 평균 0.5~0.7퍼센트였다.

수확을 위한 씨앗을 뿌려라

매년 되풀이되는 계절적 영향으로 인해 8월~10월은 시장이 바닥을 다지는 때다. 8월 휴가철은 거래량이 감소하고 시장에서는 상당수의 매수자들이 자취를 감춘다. 또 전당대회와 대선은 사람들로부터 주식 매수에 대한 관심을 빼앗는다. 3분기 말의 포트폴리오 조정은 매도 증가로 이어져 이로 인한 공백이 만들어지면 주가가 하락한다.

이상이 한 해의 이 시기에 약세장 바닥이 자주 형성되는 이유이기도 하며, 이때가 주식 매수를 위한 적기인 이유이기도 하다.

Summary Note

- 최적의 매수 기회는 지난 62년 동안 8월이나 9월, 10월이었다. 이 석 달이 새롭게 롱 포지션을 취하기에 가장 좋은 달들이었다.
- 한 해 중 최악의 6개월은 10월에 끝난다. 그러나 계절적 특성이 변하고, 투자를 주도하는 그룹이 한발 앞서나가려고 하면서, 9월과 8월은 롱 포지션을 위한 적기가 되었다. 10월은 최근 약세장이 끝나고 시장이 반전하는 달이 되었다.
- 10월은 약세장의 저점이 가장 많이 기록된 달이다.

9장

주식시장은
겨울을 좋아한다

"1950년 이래
다우, S&P 500, 나스닥은
모두 11월, 12월, 1월에 상승했다."

한 해 중 연속하는 세 달인 11월, 12월, 1월은 투자에 가장 적합한 시기다. 수익이 날 확률이 높을 뿐 아니라 수익 자체가 다른 모든 달에 비해 상당히 크기 때문이다. 만약 여러분이 한 해 중 석 달만 주식에 투자할 생각이라면, 11월, 12월, 1월의 석 달 동안 투자하기 바란다. 다우지수와 S&P 500 지수는 1950년 이래 11월부터 1월까지 평균 4.3퍼센트의 상승을 기록했다. 나스닥과 러셀 2000은 무려 6.4퍼센트다.

하지만 2007년과 2008년처럼 이 석 달 동안 시장이 상승하지 못했다면 빨간 깃발이 올라간 것이니 최대한 주의를 기울여야 한다. 작고한 시장 분석가 에드슨 굴드는 이런 말을 남겼다. "계절적으로 강세를 띠어야 할 시기에 시장이 상승하지 않는다면 더 강한 다른 힘이 존재한다는 뜻이다. 그 힘은 계절적 강세의 시기가 지나가면 정말로 본모습을 보여주게 될 것이다."

11월의 탐색전 Navigating November

11월은 축제 시즌이 시작되는 한편 최고의 6개월 기간이 시작되는 달이다. 11월은 투자 적합도를 따져볼 때 기간을 어떻게 잡느냐 그리고 어떤 지수를 대상으로 하느냐에 따라 세 번째 혹은 네 번째 달이 된다. 11월은 다우지수와 S&P 500의 경우 최고의 6개월 기간이 시작되는 달이고, 나스닥의 경우는 최고의 8개월 기간이 시작되는 때다. 11월에는 중소형주들이 인기를 끌지만, 중소형주가 정말로 상승하는 것은 12월의 마지막 두 주 동안이다.

 11월은 가장 실적이 좋은 달에 속한다. 4분기에 기관으로부터 현금이 유입되면서 11월부터 최고의 3개월이 시작된다. 하지만 약세장 중의 11월에는 손실이 났다. 결판이 나지 않은 대선과 장기 약세장의 시작으로 인해 2000년 11월은 22.9퍼센트의 하락을 기록했다. 이 달은 또한 나스닥이 1971년 2월

5일 만들어진 이래 두 번째로 나쁜 실적을 기록한 달이 되었다. 그리고 최악의 달은 1987년 10월이었다.

11월은 분명 시장이 강세를 띤다. 대선 주기 4년에서 연속으로 하락을 기록한 적은 한 번도 없었다. 1953년 이후 15차례의 대선 다음 해에서 다우존스 산업평균지수가 11월에 하락을 기록한 것은 겨우 3차례였다. S&P 500 역시 단 4차례였다.

임기 중간 해의 11월은 10월과 함께 상승세를 형성하여 이 두 달간 나스닥은 8.1퍼센트 상승을 기록했다. 하지만 대선 전해의 11월이 이런 강력한 상승 해에 평범한 실적을 낸 것은 아이러니라고 하지 않을 수 없다.

대선 해 11월은 다우지수와 S&P 500 지수에서 최고의 실적을 기록했다. 그러나 2008년 혼란스런 대선 환경과 재정 위기 아래서는 하락을 기록했다. 대선 해 11월을 따져보았을 때, 트루먼이 듀이에게 승리를 거둔 1948년 이래 최악은, 1888년 이래 처음으로 대선 결과 승부가 나지 않은 2000년이었다. 2000년 11월처럼, 2008년 11월에는 시장이 상당히 큰 폭으로 하락했다. 그해 9월 리먼 브라더스의 파산으로 인한 충격이 여전히 계속되고 있던 탓이기도 했다.

옵션 만기일은 흔히 추수감사절 전주에 있는데, 어쨌든 만기주에는 일반적으로 강세가 나타난다. 다우존스 산업평균 지수는 1993년부터 2002년까지 연속으로 10차례 상승을 기록했다. 하지만 지난 9년 동안은 하락이 4차례였다. 만기주의 월요일은 일정한 패턴을 보여주지 않는다. 이날 다우지수는 1994년부터 1998년까지 5차례 연속으로 상승했다. 이 때는 20세기의 마지막 강세장이 형성되었던 시기다. 하지만 1999년부터 2003년까지는 5차례 연속으로 하락을 경험했고, 지난 8차례 가운데 5차례 상승을 기록했다. 옵션 만기일은 비슷한 패턴을 보여주었지만 강세가 더 강하여 지난 22차례 가운데 15차례 상승을 기록했다. 만기 다음 주는 최근 자주 투자자들을 실망시켜 지난 6년 중 5차례의 하락이 일어났다.

11월이 이렇게 강세를 나타내는 것은, 물론 시장이 하락하는 날도 있지만 상승하는 날들이 매우 많기 때문이다. 지난 21년 동안 첫 번째와 두 번째 거래일은 다우지수와 S&P 500 지수의 경우 평균적으로 상승을 기록했다. 나스닥과 러셀 2000은 그보다 좀 더 강한 강세를 보이며 11월을 출발했다. 그 다음 3일은 상승세를 나타내기는 하지만, 일곱 번째 거래일은 시장의 하락이 두드러졌다. 그 뒤 며칠 동안 주가는 횡보세를 보이다가 15일이 되기 바로 전에 상승했다가 그 뒤 며칠간 다시 하락하는 경향을 보였다. 마지막 날 5일 전쯤에는 시장이 달아올랐다. 이때 4분기 랠리가 시작되어 종종 월말까지 계속되다가 12월이 되기 전 주춤했다. 채권 시장은 재향군인의 날(11월 11일) 휴장한다.

중소형주가 강세를 보이는 12월 December Delivers

12월은 1950년 이래의 실적을 보면 다우존스 산업평균지수에서는 열두 달 중 두 번째, S&P 500 지수에서는 최고였다. 이 두 지수에서 모두 평균 1.7퍼센트의 상승을 기록했다. 12월은 중소형주들 가운데서도 최고의 달이었고, 나스닥에서는 두 번째였다. 12월에 주가가 급락을 한 경우는 거의 없다. 그런 일이 일어났다면, 그때는 보통 천장이든 바닥이든 시장이 전환점에 도달했기 때문이다. 시장이 12월에 이르기까지 상승가도를 달려왔다면, 이제 주가의 하락이 임박했다고 봐야 한다. 이와 반대로 시장이 최근 시련을 겪고 12월에 들어와서도 급락했다면, 곧 반등이 시작될 것이라고 기대할 수 있다. 1998년에 12월이 속한 4분기는, 1928년 이래 가장 실적이 좋았다.

　12월은 시장 거래가 축제 시즌에 따라 활기를 얻는다. 전문 거래자와 증권 회사들도 12월 한 달 매수 선호 분위기를 형성한다. 그러나 월초에는 과세상각매도(손실을 실현시켜 과세 소득을 줄일 목적으로 가치가 하락한 증권을 매각하는 행위─옮긴이)와 연말 포트폴리오 조정이 이루어지면서 약세를 띠는 경향이 있다. 12월은 계절적 특성과 중요한 사건들이 시장을 지배하는 달이다. 12월 중반 중소형주들이 대형주들보다 더 나은 성적을 기록하면서 월스트리트에서는 내가 생각해낸 "공짜 점심" 전략이 효과를 발휘한다. "산타클로스 랠리"는 새해를 가늠케 하는 첫 번째 지표이며, 12월 말에 시작된다.

S&P 500이 12월에 하락한 것은 지난 15차례의 대선 해에서 단 4차례였으며, 다우지수의 경우는 5차례였다. 지난 16차례의 임기 중간 해에서 12월에 시장이 하락한 것은 겨우 4차례였다. 1966년, 1974년, 2002년은 중요한 임기 중간 해의 바닥이 형성되었던 때다. 2002년은 1931년 이후 최악의 12월을 경험했다. 다우존스 산업평균지수와 S&P 500 지수는 6퍼센트 이상, 나스닥은 9.7퍼센트의 하락을 기록했다. 제2차 세계대전 이후 대선 전해 12월은 단 3차례 하락했을 뿐이다. 1975년(-1.0퍼센트), 1983년(-1.4퍼센트), 2007년(-0.8퍼센트)이다. 대선 해 12월은 한마디로 잘나갔다. S&P 500의 경우 평균 1.2퍼센트 상승을 기록했고, 지난 15년간 12차례 상승했다.

12월의 트리플 위칭 주는 보통 다우존스 산업평균지수에 유리하게 작용했다. 월요일은 지난 22년간 12차례 상승했고, 금요일은 14차례 상승했다. 주 전체로 볼 것 같으면, 1984년 이후 놀랍게도 23차례나 상승을 기록했다. 트리플 위칭 다음 주는 12월이 가장 성적이 좋고 유일하게 뚜렷한 강세를 보였다.

1991년 이후 12월은 세 번째 거래일까지 나스닥과 러셀 2000 지수에서 강한 강세를 나타냈다. 다우지수와 S&P 500은 출발이 느렸고, 분명한 강세를 보인 것은 세 번째 거래일이 되어서였다. 그러나 네 번째 거래일에는 다시 조심스런 행보를 보였고 이런 움직임은 이 달 전반(前半) 내내 과세상각매도가 마무리될 때까지 계속되었다. 주가가 대부분의 날에서 일관되게 상승하기 시작하는 것은 12월의 트리플 위칭 다음 주 중반이 되어서였다.

크리스마스 전날과 다음날은 지난 21년간 강세를 보였다. 다우지수는 크리스마스 전날 5년 연속 상승했고, 그 다음날은 6일 가운데 4일이 상승했다. 나스닥은 한 해의 마지막 거래일에 2000년까지 29년 연속으로 상승하는 놀라운 기록을 보여주었다. 하지만 그 이후에는 12년간 11차례의 하락을 경험했다. 한 해의 마지막 거래일에서 강세를 찾아보기 힘들어진 것은 막판 포트폴리오 조정 탓이다.

중소형주로 이루어진 러셀 2000 지수의 일일 데이터 34년 치를 모아 대형주로 이루어진 러셀 1000 지수로 나누어보았다. 그런 다음 이상화된 연간 패턴으로 표현하기 위해 이 자료를 일 년의 기간으로 압축했다. 그림 9.1에서 그래프가 하락할 때는 대형 블루칩이 중소형주들보다 더 나은 성적을 내고 있다는 뜻이다. 그래프가 상승할 때는 중소형주들이 대형주들보다 더 빨리 상승하고 있다는 것을 의미한다.

그림 9.1은 "1월 효과"를 꽤 분명하게 보여준다. 12월 중순에 시작되는 1월 효과로 중소형주들은 대형주들보다 더 나은

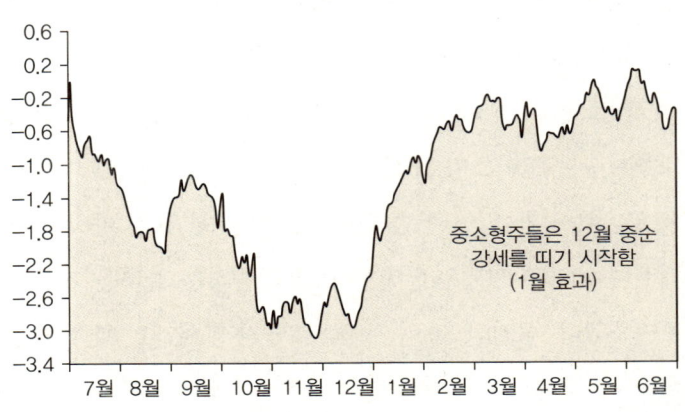

그림 9.1 러셀 2000/러셀 1000지수의 연간 계절적 패턴

※ 1979년 7월 1일부터 2012년 4월 5일까지의 일일 데이터를 토대로 함

성적을 내고 있다. 10월 말과 11월 말 중소형주들의 움직임도 눈에 띈다. 12월 초 나타나는 중소형주들의 약세는 기존의 포지션을 늘리거나 새로운 포지션을 취하는 기회로 삼을 수 있을 것이다. 이런 움직임은 상당 부분이 1월 중순에 완료되지만, 3월 초까지 간다는 사실에 주목하라. 주가 상승이 상당히 크다 싶으면 생각해볼 것 없이 이익을 실현할 수 있다. 특히 중소형주는 주가가 두 배가 되었을 때 절반을 팔아 초기 투자금을 회수한다는, 내 표준적인 거래 전략을 실천하는 것이 좋은 방법이 될 수 있다.

월스트리트의 유일한 "공짜 점심"

내가 오랫동안 실천해온 바닥 매수 전략은 방금 논의한 연말 중소형주들의 강세를 이용한 것이다. 내 "공짜 점심" 전략은 매우 명민한 거래자들을 위한 초단기 전략이다.

 과세상각매도는 하락하는 주식을 연말에 떨이 가격으로 떨어뜨린다. 지난해들을 돌아보면, 뉴욕 증권거래소에서 12월 15일 저점에 있던 주식들은 보통 다음 해 2월 15일까지는 시장 평균보다 좋은 성적을 냈다. 과세상각매도는 보통 트리플 위칭 때 절정을 이루므로, 나는 트리플 위칭 주 금요일에 새로 52주 저가에 도달한 주식들에서 연말의 강세를 노리며 매수 대상을 찾는다.

매수 대상은 신경 써서 골라야 한다. 우선주, 폐쇄형 펀드, 상장지수펀드, 상장지수채권, 액면 분할 주식, 신주, 비정상적인 보통주, 정보가 부족한 주식은 배제한다. 저점을 기록한 주들이 많으면, 가장 많이 하락한 주식을 고른다.

이렇게 선별을 거쳐 소수의 뉴욕 증권거래소 주식만을 남기면 전략은 한층 정교해진다. 나스닥과 아멕스 거래소에서 선별한 주식도 뉴욕 증권거래소의 주식과 비슷한 특징을 보여주었는데, 이들 주식이 공짜 점심 전략의 대상이 된 것은 최근이다. 이런 주식들은 1월에 다시 반등하는 경향을 보이므로, 나는 대개 1월 중순 아니면 언제든 이익을 실현할 수 있을 때 신속히 팔아버린다.

목적은 52주 저점으로 떨어진 헐값에 주식을 산 다음 신속하게 팔아치워 상당한 이익을 내는 것이다. 종종 이런 주식들은 별 가치가 없는 것으로 드러나기 때문이다. 이것은 신속한 거래여야 한다. 이런 주식에 애착을 가져서는 안 된다. 오르면 팔아버려야 한다. 우리는 단지 데드 캣 바운스dead cat bounce(죽은 고양이도 높은 곳에 떨어지면 약간은 튀어 오른다는 말로 급락 후 소폭 반등 현상을 의미함―옮긴이)를 노리는 것일 뿐이다. 이런 주식 가운데 주가가 2배가 되는 것이 있다면, 적어도 포지션의 절반을 팔거나, 아니면 추적 청산 기법(주가 상승에 따라 손실제한주문을 이동시키는 청산법―옮긴이)을 이용한다. 그러면 주가가 계속 상승하는 동안 시장에 있다가 하락할 경우 자동적으로 시장에서 나오게 될 것이다.

이런 공짜 점심 전략은 시장 조정이 일어나고 나서, 연말에 새로운 저점들이 더 많이 형성되었을 때 더 나은 성적을 거두었다. 해마다 따져볼 때 이런 저가 매수 전략이 뉴욕 증권거래소 종합지수의 실적보다 나쁜 기록을 낸 것은 지난 38년 동안 5차례에 불과했다. 보유 기간에 대해 평균 12.7퍼센트의 이익은 뉴욕 증권거래소 종합지수의 평균 3.1퍼센트 상승을 거의 10퍼센트 차이로 앞섰다.

산타가 오지 않을 때

시장은 크리스마스 휴장에 앞서 혹은 그 바로 뒤부터 보통 짧지만 상당한 랠리를 경험한다. 대략 연말의 마지막 5거래일과 새해의 첫 이틀이 그 기간이다. 1953년 이후 이 7일의 기간 동안 S&P 500 지수는 평균 1.5퍼센트 상승을 기록했다. 이런 현상은 "산타클로스 랠리"라는 이름으로 알려져 있다.

이런 믿을 만한 시기적 특징이 나타나지 않았을 때가 더 중요하다. 랠리가 없었다는 사실은 약세장을 예고하거나 다음 해 상당한 조정이 일어날 것임을 알려준다. 이럴 경우 우리는 주식을 나중에 훨씬 낮은 가격에 매수할 수 있을 것이다. 예일 허시는 1972년 이런 현상을 처음 발견했다. 우리는 수십 년 동안 투자자들에게 이런 심상치 않은 징조를 다음과 같은 재치 있는 말로 경고했다. "산타클로스가 오지 않으면, 브로드스트리트와 월스트리트(이 두 거리는 뉴욕 증권거래소가 있는 미국 맨해튼의 금융 지구임—옮긴이)에 곰이 나타날 수도 있다."

표 9.1은 2000년에 정확히 그런 사건이 벌어졌다는 것을 보여준다. 2000년은 산타클로스 랠리 기간에 4.0퍼센트의 끔찍한 하락을 경험했다. 2000년 1월 14일, 다우지수는 하락을 시작하여 33개월간 37.8퍼센트가 빠졌고, 2002년 10월에 임기 중간 해의 바닥에 도달했다. 나스닥은 8주 뒤 무너져 10주간 37.3퍼센트 하락했고, 2002년 10월까지 궁극적으로 77.9퍼센트 하락을 기록했다.

표 9.1 S&P 500 지수의 산타클로스 랠리

새해	산타클로스 랠리(%)	한 해(%)	
1953	1.8	-6.6	
1954	1.7	45.0	
1955	3.0	26.4	
1956	-0.9	2.6	4월 천장
1957	1.2	-14.3	
1958	3.5	38.1	
1959	3.6	8.5	
1960	2.4	-3.0	
1961	1.7	23.1	
1962	0.4	-11.8	
1963	1.7	18.9	
1964	2.3	13.0	
1965	0.6	9.1	
1966	0.1	-13.1	
1967	-1.4	20.1	강세장
1968	0.3	7.7	
1969	-1.2	-11.4	약세장
1970	3.6	0.1	
1971	1.9	10.8	
1972	1.3	15.6	
1973	3.1	-17.4	
1974	6.7	-29.7	
1975	7.2	31.5	
1976	4.3	19.1	
1977	0.8	-11.5	
1978	-0.3	1.1	2월 저점
1979	3.3	12.3	
1980	-2.2	25.8	강세장
1981	2.0	-9.7	

새해	산타클로스 랠리(%)	한 해(%)	
1982	-1.8	14.8	강세장
1983	1.2	17.3	
1984	2.1	1.4	
1985	-0.6	26.3	강세장
1986	1.1	14.6	
1987	2.4	2.0	
1988	2.2	12.4	
1989	0.9	27.3	
1990	4.1	-6.6	
1991	-3.0	26.3	걸프전
1992	5.7	4.5	
1993	-1.1	7.1	
1994	-0.1	-1.5	횡보장
1995	0.2	34.1	
1996	1.8	20.3	
1997	0.1	31.0	
1998	4.0	26.7	
1999	1.3	19.5	
2000	-4.0	-10.1	약세장
2001	5.7	-13.0	
2002	1.8	-23.4	
2003	1.2	26.4	
2004	2.4	9.0	
2005	-1.8	3.0	횡보장
2006	0.4	13.6	
2007	0.003	3.5	
2008	-2.5	-38.5	약세장
2009	7.4	23.5	
2010	1.4	12.8	
2011	1.1	-0.003	횡보장

사담 후세인의 쿠웨이트 침공으로 1990년은 산타클로스 랠리가 자취를 감추었다. 3일 뒤인 1991년 1월 9일 S&P 500은 3퍼센트 하락을 기록했다. 걸프 전쟁이 터지기 일주일 전의 일이었다. 걸프전으로 인해 시장에서는 다시 보기 어려울 만한 수준에서 삼중 바닥이 형성되었다.

2004년은 에너지 가격 앙등과 중동의 테러 사태로 인해 산타클로스 랠리가 없었다. 2007년은 궁극적으로 금융 위기를 낳을 경기 후퇴와 주택 가격 하락의 초기 신호로, 산타클로스가 오지 못했다. 1979년과 1981년에도 산타클로스 랠리가 없었고, 그 다음 해인 1980년과 1982년에 각각 약세장 바닥이 형성되었다.

이런 지표는 다음에 다룰 "최초 5일First Five Days"의 성적과 "1월 바로미터January Barometer"에 의해 뒷받침될 때 더욱 확실해진다.

1월의 환희 January Jubilee

1월January과 같은 이름인 야누스Janus는 문(門)과 통로의 수호신으로, 1월은 월스트리트에서 야누스와 같은 양면성으로 전설적인 명성을 얻는다. 물론 예일 허시의 1월 바로미터가 1950년 이래 0.758의 고타율로 그 양면성 중 악명을 대부분 가져가버렸다. 새해가 시작되면서, 1월에는 수많은 중요한 사건과 지표, 반복되는 시장 패턴들이 나타난다. 미국 대통령은 취임을 하고 연두교서를 발표하며, 새로 의회가 소집된다.

금융 분석가들은 1월에 연례 전망을 내놓고, 지구촌 사람들은 이때 대부분 휴가를 마치고 직장과 학교로 돌아온다. 중소형주들이 대형주들보다 더 나은 성적을 낸다고 알려진 이른바 "1월 효과"가 나타나며, 우리의 계절적 지표도 1월에 가장 많다. 1월의 둘째 날은 산타클로스 랠리가 끝나는 날이다. "최초 5일"은 한 해의 거래 환경을 가늠하는 척도이고, 1월 바로미터는 1월 한 달 동안 S&P 500의 상승과 하락에 의해 결정된다.

1월은 투자 적합도 면에서 지난 41년간 나스닥의 경우 12개월 가운데 최고의 달(다우지수와 S&P 500 지수에서는 세 번째)이었으며, 최고의 3개월(11월~1월)이 끝나는 달이기도 하다. 나스닥은 1971년 이래 2.8퍼센트의 평균 상승을 기록했다. 1월 한 달의 기록은 인상적이며, 또한 이 역동적인 달은 중요한 계절적 특성과 믿을 만한 지표들로 가득하다. 새해가 시작되면서 연말 보너스와 포트폴리오 조정으로 인한 자금 유입이 늘어나, 돈이 시장에 넘쳐난다. 애널리스트와 시장 전략가들은 한 해 시장의 방향을 미리 읽기 위해 애쓰는데, 때문에 1월은 한 해 중 가장 중요한 달이라 할 수 있다.

우리의 시장 확률 모델에 따르면, 1월은 다소 독특한 거래 패턴을 보여준다. 한 해의 첫 거래일은 보통 신년 축하 분위기가 이어진다. 다우지수는 지난 21년간 14차례 상승했고, 나스닥은 지난 21년간 13차례 상승했다. 그러나 S&P 500과 러셀 2000은 상당한 약세를 보여 같은 기간 각각 9차례와 7차례의 상승에 그쳤다. 이때는 거래자들이 신년 휴일 뒤에 몸이 덜 풀린 상황에서 시장에 뛰어들 수 있는 좋은 기회라고 하겠다. 왜냐하면 두 번째 날 더 큰 강세가 이어지기 때문이다.

그 뒤 며칠간 시장은 약간 약세를 보이며 요동친다. 그런 다음 열 번째 거래일 무렵 주가가 살아 움직이는데, 처음으로 월중에 401(k) 자금이 시장에 유입되기 때문이다(401(k)는 미국의 퇴직연금임—옮긴이). 마틴 루터 킹의 날(1월 셋째 주 월요일)로 3일 연휴의 시작 전에도 매수세가 커진다. 이 2~3일의 급등 뒤에 주가는 하락하여 월말까지 비틀거린다. 1월의 옵션 만기일을 보면, 다우지수는 지난 14년간 10차례 하락했으나 지난 4년간에는 3차례 상승했다. 1월이 끝나갈 무렵,

주가는 보다 상승하여 마지막 날은 한 해 가운데 강세가 강한 날로 손꼽힌다. 러셀 2000의 경우는 특히 더 그렇다.

_1월의 "최초 5일"은 조기 경보 지표다

1월의 처음 며칠은 두 가지 조기 경보 지표를 구성한다. 산타클로스 랠리와 1월의 최초 5일 지표다. S&P 500이 1950년 이래 평균 1.5퍼센트 상승을 기록한 7일간의 산타클로스 랠리는 1월의 두 번째 거래일에 끝이 난다. 이 신뢰할 만한 단기 지표는 나타나지 않았을 때가 더 중요하다. 연말에 당연히 나타나야 하는 강세가 없었다는 것은 약세장이나 시장 조정이 뒤따를 것이라는 경고다.

1월의 최초 5일 지표는 한 해의 상승과 하락을 사전에 가늠해보기 위한 척도 역할을 한다. 특히 상승의 경우에 잘 들어맞는다. 1950년 이후 S&P 500은 최초의 5일에 39차례 상승했고, 그 해 전체는 33차례 상승을 기록했다. 정확도는 84.6퍼센트며, 이 39년 동안 평균 상승 폭은 13.6퍼센트였다. 6차례의 예외로는, 1994년과 2011년의 횡보장과 전쟁 관련 경우의 4차례가 있다. 베트남 전쟁의 전비 지출은 1966년 약세장의 시작을 지연시켰다. 1973년 초에는 정전이 임박한 상황이 주가를 일시적으로 끌어올렸다. 사담 후세인은 1990년의 시장을 약세장으로 바꾸어놓았고, 테러와의 전쟁, 중동의 불안, 기업 부정행위로 2002년은 역사상 최악의 한 해가 되었다. 2011년은 유럽의 국가 부채 위기가 상반기의 주가 상승을 물거품으로 만든 경우였다.

 최초 5일이 하락한 23차례의 경우는 지표 역할을 하지 못했다. 이때는 상승이 11차례, 하락이 12차례 일어났다. 그러나 대선 다음 해 최초 5일이 하락한 경우는 유효한 지표가 될 수 있었다. 대선 다음 해 1월의 최초 5일에 S&P 500은 지난 14차례 중 9차례 하락했다. 이 9차례 가운데 6차례는 한 해 전체가 하락했고, 평균 하락 폭은 -11.1퍼센트에 이르렀다. 대선 다음 해 최초의 5일이 상승한 5차례의 경우는, 그 뒤 한 해 전체가 상승한 경우가 4차례이며, 평균 상승 폭은 22.6퍼센트였다.

 임기 중간 해에 이 지표는 일관되지 못한 기록을 남겼다. 사실은 거의 역지표라고 해야 할 것이다. 지난 15차례의 임기 중간 해에 최초 5일의 방향을 따라 한 해가 움직인 것은 단 7차례였다. 지난 8차례를 따졌을 때는 단 한 번이었다. 임기 중간 해의 경우는 1월 바로미터(그림 9.2 참조)가 66.7퍼센트의 정확성으로 훨씬 나은 기록을 보여준다.

그림 9.2 1월 바로미터 — 순위에 따른 S&P 500의 1월 실적

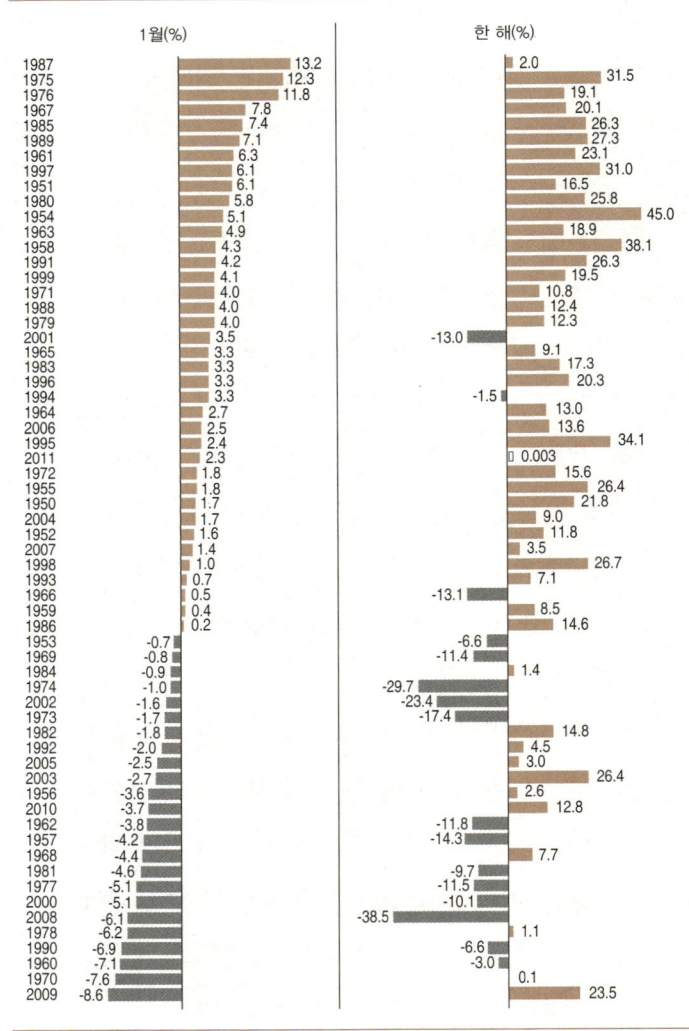

대선 전해는 유리한 조건에서 시작되어 다우지수는 1939년 이후 하락한 적이 한 번도 없었다. 대선 전해 최초 5일은 단 3차례 하락했을 뿐이다(1955년, 1999년, 2007년). 이 세 번의 경우 모두 그 해 S&P 500 지수는 상승을 기록했다. 대선 해는 지난 15차례 중 12차례가 최초 5일의 방향을 따랐다. 단, S&P 500 지수는 1950년 이후 대선 해에서 단 3차례 하락했을 뿐이다.

_믿기 힘들 정도인 1월 바로미터

1972년 예일 허시가 고안한 1월 바로미터는 1950년 이후 단 7차례 크게 빗나갔을 뿐이며, 88.7퍼센트의 정확도를 자랑한다. 이 지표는 S&P 500이 1월에 오르면 한 해가 오른다는 금언과도 일치한다(그림 9.2 참조). 빗나간 7차례 가운데 2차례(1966년과 1968년)는 시장이 베트남 전쟁에 영향을 받았기 때문이다. 1982년은 8월에 대규모 강세장이 시작된 탓이었다. 1월 두 번의 금리 인하와 9/11은 2001년에 영향을 미쳤다. 2003년 1월에는 시장이 이라크에서의 군사 행동을 예측하며 가라앉았다. 2009년에는 1900년 이래 두 번째로 끔찍한 하락장이 3월에 끝났고, 2010년은 연준의 개입이 영향을 미쳤다. 8년의 횡보장을 포함하더라도 0.758의 놀라운 타율이다.

대선 다음 해를 살펴보면, 2001년과 2005년을 제외했을 때 지난 14차례 모두 1월의 시장 방향으로 한 해 전체가 움직였다. 임기 중간 해는 지난 15차례 중 10차례였다. 아무래도 강세 경향을 띤 대선 전해의 경우, 1월 바로미터는 15:1의 기록을 남겼다. 유일하게 지표의 예측이 빗나간 2003년은 이라크 전쟁을 앞두고 일어난 외부적 사건들 때문이었다. 대선 해는 지난 15차례 중 11차례가 1월의 시장 방향을 똑같이 따랐다.

몇몇 경우를 보면, 한 해 전체와 11개월(1월을 제외한) 동안 상승을 기록했다고 해도 1950년 이래 1월에 주가가 하락하면 어김없이 뒤이어 약세장이 시작되거나 이어졌고 혹은 10퍼센트 조정이 일어나거나 한 해 횡보세를 보였다. 1월 하락은 그 뒤 평균 13.9퍼센트의 상당한 하락을 불러왔는데, 이때는 대부분의 해에서 아주 좋은 매수 기회를 제공했다.

1월의 하락은 경제·정치·군사 분야에서의 고난을 예고했다. 1955년 아이젠하워 대통령이 심장 발작을 일으키자, 그가 1956년 재선에 출마할 수 있을지 여부에 의문부호가 찍혔고, 그로 인해 그해는 횡보장이 형성되었다. 1월에 시장이 하락한 다른 두 번의 대선 해 역시 횡보장이 만들어졌다

(1984년과 1992년). 1월의 시장 성적이 좋지 않은 경우, 13차례 약세장이 시작되었고, 9차례는 그 다음 해까지 약세장이 이어졌다. 1968년은 베트남 전쟁의 수렁에 빠져 있었던 만큼 1월 시장은 하락세로 출발했다. 그러나 존슨 대통령이 폭격 중지를 지시함으로써 분위기가 바뀌었다. 2003년 1월은 이라크에서의 군사 행동이 임박함으로써 시장이 침체되었고, 이후 3월 시장에는 삼중 바닥이 형성되었다. 바그다드 함락 뒤, 대선 전해라는 시기적 조건과 함께 경제가 회복되면서 2003년은 최고의 한 해로 바뀌었다.

2005년은 횡보장이 만들어져 다우지수는 역사상 가장 좁은 거래 범위에 머물러 있었다. 2008년 1월은 역사상 최악의 첫째 달이었으며, 대공황 이후 최악의 약세장을 이끌었다. 2010년은 1월의 하락에 이어 4월부터 7월까지 16퍼센트에 달하는 조정이 일어났으나, 연준의 제2차 양적 완화에 의해 금세 반전되었다.

1월 바로미터는 1933년 레임덕lame duck 현상을 막기 위한 헌법 수정조항 20조가 통과됨으로써 탄생했다. 그 뒤부터는 "1월이 오르면 한 해가 오르는 상황"이 만들어졌다. 1월의 시장 방향은 그 해 시장의 주추세를 정확히 예측했다.

1934년 이전에는 새로 선출된 상원의원과 하원의원이

13개월 뒤인 다음 해 12월까지 취임을 하지 않았다(신임 대통령이 취임할 때를 제외하면). 선거에서 진 의원들은 다음 회기 내내 의회에서 자리를 지키고 있었다. 그들은 "레임덕", 즉 절름발이 오리라고 불렸다. 1934년 이후에는 의회가 1월 첫 번째 주에 소집되었고, 그 전해 11월에 새로 선출된 의원들까지 참석했다. 취임일 또한 3월 4일에서 1월 20일로 앞당겨졌다.

1월이 이렇게 전조적 성격을 띠는 것은 이 달에 많은 중요한 사건들이 일어나기 때문이다. 새로 의회가 소집되고, 대통령은 연두교서를 발표하고 연간 예산을 제시하며, 국가적 목표와 우선순위를 정한다. 이런 사건들은 분명 미국의 경제와 월스트리트, 그리고 나머지 세계에 영향을 미친다. 게다가 1월에는 자금 유입이 늘어나고, 포트폴리오 조정이 이루어지며 시장 전략이 수립된다. 1월이 얼마나 전조적 성격을 띠는지는 분명하다. 이런 사건들이 다른 달에 일어난다면, 아마 1월 바로미터는 곧바로 없어져버릴 것이다.

다우지수의 종가가 첫 번째 분기에 그 전해 12월 종가의 저점 아래로 내려갔을 때는 종종 확실한 경고 신호가 된다. 레이먼드 제임스의 투자 전략 상무 제프리 사우트는 몇 년 전 이 사실을 말해 우리의 주의를 끌었다. 12월 저점 지표는 원래 루시엔 후퍼가 주창한 것이다. 후퍼는 1970년대 《포브스》지의 칼럼니스트이자 월스트리트의 분석가였다. 그는 1월과 1월 첫째 주를 신뢰할 만한 지표로 생각하지 않았다. 휴일로 일수가 줄어든 주 동안 추세가 임의대로 움직일 수 있으며 심지어 조종될 수 있다고 보았던 것이다. 후퍼는 대신 "12월의 저점에 훨씬 더 많은 주의를 기울여야 한다. 새해 첫 분기 동안에 12월의 저점이 침범당하면, 조심해야 한다!"고 주장했다.

32차례 중 18차례는 그해 나머지 기간 동안 연중 저가에 도달한 뒤 상승을 기록했다(16차례는 한 해 전체로 볼 때도 상승). 1952년 이후를 따져보면, 2차례만 빼고 모든 경우에서 추가로 하락이 일어났다. 다우지수는 1분기에 전해 12월의 저점이 침범당했을 때 추가로 평균 10.9퍼센트 하락했다.

1분기에 전해 12월의 저점이 침범되지 않았을 때는 단 3차례만 큰 하락이 일어났다(1974년, 1981년, 1987년). 이 두 지표는 겨우 다섯 번 예측에 실패했고, 9차례는 한 해 횡보장이 형성되었다. 12월의 저점이 1분기에 침범되지 않은 해는 1월 바로미터가 거의 100퍼센트 정확했다.

최고의 3개월

11월부터 1월까지는 롱 포지션을 보유하고 있기 바란다. 역사적으로 이 기간은 연속하는 3개월 가운데 주식 보유를 위한 최고의 시기다. 거래는 보통 축제 분위기에 영향을 받고, 특별히 위험한 시기는 없다. 1월 두 번째 거래일에 끝나는 산타클로스 랠리의 공식 기록은, 지표로 가득한 1월의 시작을 알린다.

산타클로스 랠리가 있고 최초 5일과 1월 바로미터가 모두 상승을 기록한 경우는 (2012년도 포함하여) 지난 63년간 27차례 있었다. 이때 한 해 전체가 상승을 기록한 것은 (2012년은 제외하고) 26차례 중 24차례. 확률로 따지면, 92.3퍼센트다. 이 시기에 S&P 500의 한 해 전체 상승 폭은 평균 17.5퍼센트였다.

> **Summary Note**
>
> - 11월부터 1월까지는 롱 포지션을 보유하라. 역사적으로 이 기간은 연속하는 3개월 가운데 주식 보유를 위한 최고의 시기다.
> - 1월에 S&P 500이 오르면 한 해가 오른다.

10장

인내하고 기다렸다가
4월에 팔아라

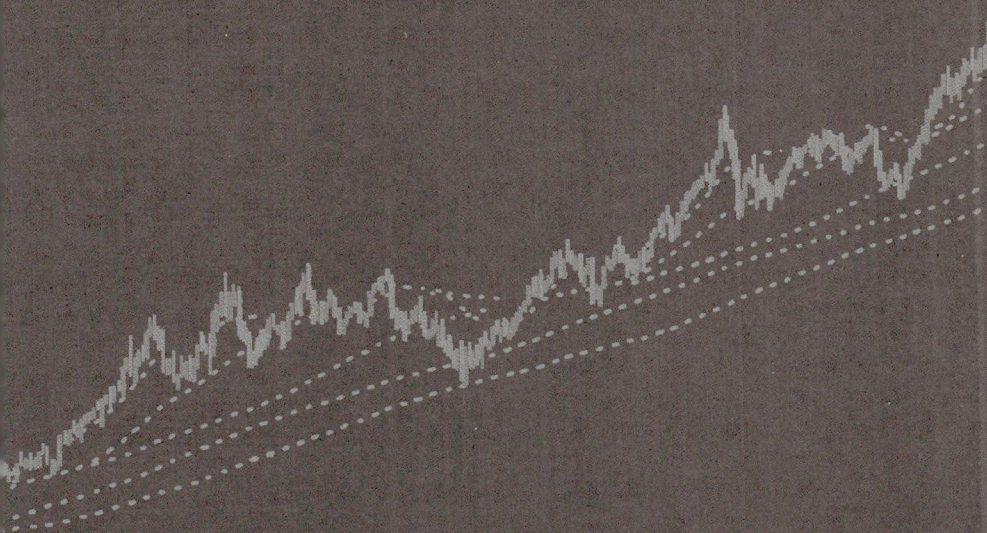

"4월은 지난 62년간
다우지수가 가장 좋은 실적을 낸 달이다."

미국 북동부에서 어린 시절을 보낼 때 2월에는 항상 심한 눈보라가 쳤다. 그럴 때 학교가 일주일간 휴교를 하면 우리 가족은 플로리다로 날아가곤 했다. 물론 그런 즐겁고 한가로운 날들은 오래전에 지나갔다. 2월 초가 되면 나는 방송이나 언론에 얼굴을 내밀고 1월 바로미터의 결과나 연례 전망의 수정에 관해 설명하는 일로 늘 정신없이 바쁘다. 그 다음에는 대통령의 날(2월 세 번째 월요일)에 시작되는 뉴욕 트레이더 박람회 현장으로 달려가는 게 보통이다.

11월부터 1월까지 연속하는 최고의 3개월 기간에 알차게 성적을 낸 뒤 시장은 보통 2월에 숨을 고른다. 1월에 얼마만큼 상승했느냐에 따라 2월 시장에서는 종종 조정이 일어나거나 밀집 구간이 형성된다. 시장이 약세에 들면 이 기회에 기존의 롱 포지션을 늘리거나 새로 롱 포지션을 구축할 수 있다. 시장은 2월 말이나 3월 초에 랠리를 다시 시작하여 최고의 6개월의 마지막 달에 해당하는 4월까지 상승하는 경향을 보인다.

4월에 도달하면, 계절적 약세의 초기 신호가 나타나는지 여부를 잘 살펴보면서, 손실제한주문을 바짝 붙이고, 다가오는 최악의 6개월에 대비해야 한다. 거래량이 줄어들기 시작하면, 시장 펀더멘탈과 기술적 지표들이 가을의 약세 때 매수했던 포지션에서 이익을 취할 때가 왔다는 사실을 확인시켜줄 것이다.

하지만 우선 수확의 시기인 봄의 첫 번째 달에 어떤 좋은 기회를 발견할 수 있을지 알아보기로 하자.

쉬어가는 2월 February Findings

1월은 워낙 두드러진 달인 반면, 짧고 추운 2월은 월스트리트에서 거의 드러나지 않는 시기며 거의 흔적을 남기지 못한다. 보통 최고의 6개월 기간에서 약한 고리 역할을 하는 2월은 기존의 추세를 그대로 유지하는 경향이 강하다. 단, 1월에 상승 폭이 크면, 월스트리트에서 1월의 실적에 따라 시장 전망을 평가하고 조정하면서 밸런타인데이와 대통령의 날이 있는 이 달에 종종 조정이 일어나거나 밀집 구간이 형성되기도 한다. 1950년 이후, S&P 500은 1월 상승 폭이 2퍼센트 이상일 때 2월에 70.4퍼센트의 확률로 조정이나 밀집이 일어났다. 1월에 하락했을 때는 2월에 62.5퍼센트의 확률로 하락이 일어났다.

1950년 이후, 2월은 절반 약간 넘게 상승을 기록했고, 지수에 따라 평균적으로 미미한 상승 폭이나 하락 폭을 보였다. 그러나 2월에는 "1월 효과"가 이어진 덕분에 중소형주들이 대형주들을 기록에서 앞서는 경향이 나타났다. 중소형주들로 이루어진 러셀 2000은 1979년 이후 2월에 평균 1.0퍼센트의 상승 폭을 기록했다. 2월은 러셀 2000의 경우 일곱 번째로 투자에 적합한 달이다.

대선 다음 해 2월은 실적이 나빠 주요 지표들이 평균적으로 하락을 기록했다. 나스닥의 경우 대선 다음 해 2월은 최악의 달로 평균 4.4퍼센트 하락률에, 지난 10차례 중 8차례의 하락을 기록했다. 임기 중간 해와 대선 전해의 2월은 이 달의 전체적인 성적 가운데서 돋보이지만, 기껏해야 이런 해의 다른 달들 가운데서 중간 정도에나 낄 뿐이다. 반면 대선 해의 2월은 나스닥과 러셀 2000의 경우 뛰어난 실적을 보였다. 2000년은 2월이 매우 강한 강세를 보여 대선 해에서 나스닥과 러셀 2000의 2월 순위를 끌어올렸다. 하지만 그 외의 경우 2월의 실적은, 다른 대선 해의 달들과 비교해보면 기껏해야 좋지도 나쁘지도 않다고 해야 할 텐데, 대형주들의 지표에서는 9위를 넘는 경우가 없었다.

그러나 1월과 2월이 상승을 기록하고 두 달의 다우지수 상승 폭이 합해서 5퍼센트 이상일 때는, 2010년에 그랬듯 그 해의 나머지 기간이 강세를 띨 것이라는 신호였다. 1900년 이후 있었던 그전 20차례의 경우에서 3월부터 12월까지의 기간은 16차례 상승하여 5퍼센트의 평균 상승 폭을 기록했다. 2011년은 소폭 하락했으나, 1930년, 1931년, 1987년은 큰 폭의 하락이 일어나 약세장이 형성되었다.

대형주를 보면, 1월이 전형적으로 강세를 띠며 끝났을 때 2월 역시 순조롭게 시작되었다. 첫 번째 거래일은 강세를 나타내, 지난 21년 동안 15차례 상승했다. S&P 500의 평균 상승 폭은 0.5퍼센트였다. 강세는 그 뒤 사라지고 여덟 번째, 아홉 번째, 열한 번째 거래일이 되어서 다시 강세가 나타났다. 만기주는 이틀이 약세를 띠었으며, 그 뒤 2월의 후반은 종종 하락세를 보였다. 중소형주나 기술주도 2월 중반의 약세를 완전히 면치는 못했다.

3월의 광기 March Madness

폭풍 같은 3월의 시장은 월초 주가를 끌어올린 뒤 월말에 바닥에 내동댕이치는 경향을 보였다. 로마의 전쟁 신 마르스에서 그 이름을 딴 3월 March은 종종 황소(매수세)와 곰(매도세)의 전장이 된다. 율리우스 카이사르는 "3월 15일을 조심하라."는 유명한 경고를 흘려들었을지 모르지만, 투자자들은 이 경고에 주의해야 한다. 그러면 손해를 피할 수 있을 것이다. 주가는 3월 중순에 하락하는 경향이 있고, 이따금 폭락할 때도 있다. 나스닥은 2000년 3월 10일 천장을 찍었고, S&P는 2000년 3월 24일에 고점에 도달했다는 사실을 기억하기 바란다. 가장 최근에 3월에 시장이 상승한 경우를 보면, 상승은 월 초순과 중순에 기록되었다. 3월 후반은 빨간 잉크가 가득하고(우리나라는 상승을 붉은색으로 표시하지만, 미국에서는 하락을 붉은색으로 표시함―옮긴이), 마지막 3~4일은 지난 22년 중 16차례 하락을 기록했다.

3월은 일정표가 다소 빡빡하다. 3월은 1분기의 마지막 달이고, 따라서 트리플 위칭 주가 있으며 월스트리트의 포트폴리오 조정 작업이 대규모로 이루어진다. 3월의 트리플 위칭 주는 최근 꽤 강세를 보였다. 하지만 그 다음 주는 정반대의 움직임을 보여, 다우지수는 지난 24년 동안 15차례 하락했고, 종종 급락하여 평균 0.5퍼센트의 하락 폭을 기록했다. 트리플 위칭 다음 주는 2000년 4.9퍼센트, 2007년 3.1퍼센트, 2009년 6.8퍼센트 상승했는데, 이런 놀라운 기록은 역사적으로 보잘것없는 성적을 낸 이 기간에서 드문 예외에 해당한다.

보통 준수한 실적을 내는 3월은 대선 다음 해에는 볼 게 별로 없다. 다우존스 산업평균지수와 S&P 500지수는 각각 겨우 0.2퍼센트와 0.4퍼센트 상승에 그쳤다. 한편 나스닥은 평균 0.7퍼센트의 하락을 기록했다. 임기 중간 해는 성적이 평균보다 약간 높았다. 대선 전해의 3월은 투자 적합도 면에서 네 번째 달의 자리를 지켰으며 전체적으로 평균 2.0퍼센트 이상의 상승 폭을 자랑하고 있다. 대선 해 3월은 평범한 성적을 냈다. 다우지수는 1952년 이후 겨우 60퍼센트의 확률로 평균 0.5퍼센트 상승했다. S&P 역시 1952년 이후 상승 확률이 60퍼센트였고, 평균 상승 폭은 약간 더 나아진 0.7퍼센트를 기록했다. 그러나 나스닥은 1972년 이후 대선 해 3월에 성적이 그다지 좋지 않았다. 1980년 17.1퍼센트가 빠진 덕분에 3월은 나스닥의 경우 대선 해 최악의 달이 되었다.

첫째 날 대형주들은 좀 더 약세를 띠어 상승 확률이 대략 50퍼센트였다. 나스닥의 주식과 러셀 2000의 중소형주는 3월 초반에 좀 더 나은 성적을 냈다. 여섯 번째 혹은 일곱 번째 거래일에는 열기가 가라앉았다. 그 뒤 중순에 연중 최초의 트리플 위칭 주가 시작되고 401(k) 자금이 유입되면서 주가가 오르는 경향을 보였다. 15일이 지난 뒤에는 시장 상승이 드물게 나타났다. 월초처럼 중소형주와 기술주는 말일에 가장 좋은 실적을 내는데, 러셀 2000은 지난 21년간 76.2퍼센트의 확률로 상승한 반면, 다우존스 산업평균지수는 3년 중 2년 꼴로 하락했다. 이런 상황은 대형주가 가라앉고 중소형주가 빛을 발한 2분기 말을 생각나게 한다.

4월의 움직임 April Action

4월은 다우존스 산업평균지수가 1999년 처음으로 1,000포인트 상승을 기록한 달이다. 그러나 세금 내는 달인 4월은 2000년부터 2005년까지 6년 중 4차례 하락했다. 2006년 이후 4월은 연속으로 6년간 상승하여 평균 상승 폭 4.2퍼센트를 기록했다. 이로써 1950년 이후 다우지수 최고의 달이라는 명성을 되찾을 수 있었다. 4월은 S&P와 러셀 2000의 경우 두 번째로 실적이 좋은 달이고, 나스닥의 경우는 세 번째로 실적이 좋다(1971년 이후).

4월은 다우존스 산업평균지수와 S&P 500 지수에서 최고의 6개월 기간이 끝나는 달이다. 4월은 우리의 6개월 거래법에서 중요한 자리를 차지하고 있다. 4월이 다가오면, 특히 시장이 최근 상당히 오른 경우, 우리는 다우존스 산업평균지수와 S&P 500 지수의 MACD(이동평균수렴확산지수)에서 계절적 매도 신호를 찾아보기 시작한다.

4월은 전반이 후반보다 나은 성적을 보이곤 했지만, 1994년 이후로는 사정이 달라졌다. 4월 15일 세금 신고 마감일의 영향은 감소한 것으로 보인다. 4월에 시장은 1분기 실적 발표에 귀를 쫑긋 세우고 있는 게 분명하다. 시장은 1분기 실적 호조를 기대하며 발표 전에 상승하는 경향을 보였다.

대선 다음 해 4월은 평균적으로 괜찮은 성적을 냈지만, 큰 폭의 상승이나 하락을 기록했다. 임기 중간 해의 경우 역시 4월에 시장이 자주 크게 요동쳤고, 전체적으로 약세를 보였다. 대선 전해는 대형주에서 매우 강한 강세가 나타났다.

S&P 500은 1950년 이후 단 한 차례만 하락했다. 강세 경향이 있는 대선 해(4년의 대선 주기에서 두 번째로 강세가 강한 해)는 4월에 정확히 반대되는 영향을 미쳤다. 다우존스 산업평균지수와 S&P 500 지수의 경우, 1952년 이후 대선 해 4월의 평균 상승 폭은 대략 1950년 이후 모든 해의 4월 평균 상승 폭의 절반에 그쳤다. 무엇보다 2000년 15.6퍼센트의 하락으로 인해 보통 강세를 띠었던 나스닥의 4월 성적은 1971년 이후 대선 해에 한하여 평균적으로 마이너스를 기록하게 되었다.

4월의 옵션 만기주는 대개 시장에 긍정적인 영향을 미쳤고, 다우지수는 1990년 이후 가장 좋은 기록을 보여 만기주에 평균 1.6퍼센트 상승했다. 만기주의 첫 번째 거래일은 만기일보다 약간 기록이 나았고, 만기주는 전체적으로 상당히 좋은 실적을 기록했다. 하지만 만기 다음 주는 종종 매도세가 지배했다.

4월은 지난 62년간 다우지수가 가장 좋은 실적을 낸 달이지만, 이 한 달 동안 상당한 변동성을 경험하기도 했다. 최근에는 하루 동안 엄청난 폭의 상승과 하락이 일어나는 일이 매우 흔해졌다. 4월 초 며칠은 다우존스 산업평균지수가 가장 강한 강세를 나타냈고, 월 중반에는 각종 주식들이 모두 강세를 띠었다. 15일의 세금 신고 마감일 뒤에 시장은 약세로 돌아서는 경향이 있지만, 마지막 3일은 나스닥과 러셀 2000이 보다 강세를 보였다.

> **Summary Note**
>
> - 2월은 보통 최고의 6개월 중 최악의 달이며, 그전 3개월 동안 이루어진 상승이 조정을 받는다.
> - 랠리는 통상적으로 3월에 다시 시작되어 4월까지 이어진다. 그러나 3월이나 4월이나 중반은 약세의 위험이 도사리면서 롱 포지션을 보유하여 큰 이익을 낸 거래자와 투자자들의 인내심을 시험하는 경향이 있다.
> - 4월은 평균적으로 볼 때 연중 최고의 달이지만, 위험 신호를 잘 살펴보아야 한다. 4월에는 이익을 실현하고 방어적인 태도로 임하는 것이 지난 63년간 현명한 전략이었다는 것이 입증되었다.

11장

남들 휴가 갈 때 같이 쉬어라

"1950년 이후
7월에 지수가 대폭 상승한 적은 없었다."

최근 와서 볼 때, 만약 여러분이 5월에 주식을 팔고 시장에서 나가려 한다면 그때는 이미 너무 늦은 것이다. 2010년 5월 6일, 거래자와 투자자들은 처음으로 "순간적인 폭락flash crash"을 목격하고 충격을 받았을 것이다. 몇 분 만에 다우지수는 거의 1,000포인트 빠졌지만, 그 뒤 하락 폭을 대부분 만회하여 종가는 단 347.80포인트의 하락을 기록했을 뿐이다.

2011년에는 5월이 연속적으로 하락을 기록한 5개월의 첫 번째 달이 되었다. 이때 다우지수는 4월의 종가부터 10월의 종가 저점까지 궁극적으로 16.8퍼센트가 하락했다. 그러니 5월에는 몸조심을 해야 한다. 아예 4월에 주식시장에서 나와 따뜻해진 날씨를 즐기며 여름휴가를 준비하는 게 낫다.

5월의 사정 May Matters

5월은 오랫동안 까다로운 달이었으며, 원래 우리가 말한 "5월/6월 재난 구역"의 일부였다. S&P 500은 5월에 1965년부터 1984년까지 20년간 15차례 하락했다. 그 뒤 1985년부터 1997년까지는 5월이 최고의 달이 되어, S&P는 매해 상승했고(13차례 연속) 평균 3.3퍼센트의 상승 폭을 기록했다. 다우존스 산업평균지수의 경우는 한 차례, 나스닥은 두 차례 하락을 기록했을 뿐이다.

1997년 이후 5월의 성적은 일정치 못했다. 지난 15년간 상승은 6차례에 불과했다(하지만 4차례는 4퍼센트 이상이었다). 나스닥은 1998년부터 2001년까지 연속으로 4차례 하락을 경험했고, 2000년에는 하락 폭이 11.9퍼센트였다. 그 뒤에는 6차례 3퍼센트가 넘는 상당한 상승과 3차례의 하락이 뒤따랐다. 그중 최악은 2010년 8.3퍼센트의 하락이었다.

5월은 다우지수와 S&P 500에서 최악의 6개월 기간이 시작되는 달이다. 간단히 말해, "5월에는 팔고 떠나라." 1961년 고안된 최고의 6개월 거래 전략은 주식 거래에 관한 이 오래된 금언이 옳다는 것을 입증해준다. 만약 10,000달러를 62년간 11월부터 4월까지 다우존스 산업평균지수에 투자했다면

674,073달러의 이익을 얻었을 테지만, 5월~10월의 기간에 투자했다면 1,024달러의 손실을 입었을 것이다.

대선 4년 주기 최악의 해인 대선 다음 해에는 5월이 가장 성적이 좋다. 대선 다음 해의 5월은 나스닥(평균 상승 폭 3.4퍼센트)과 러셀 2000(평균 상승 폭 4.7퍼센트)에서 최고의 달이었으며, S&P 500에서는 순위가 두 번째(평균 상승 폭 1.7퍼센트), 다우지수에서는 네 번째(평균 상승 폭 1.3퍼센트)였다.

임기 중간 해에 5월은 절반의 확률로 하락했고 평균적으로도 마이너스를 기록했다. 대선 전해 5월에는 중소형주들이 특히 강세를 띠어 러셀 2000은 평균 2.7퍼센트 상승을 기록했다.

대선 해 5월은 순위가 바닥권이었다. 다우존스 산업평균지수와 나스닥은 평균적으로 마이너스를 기록했고, S&P 500과 러셀 2000은 미미한 상승 폭을 기록했다.

5월의 옵션 만기주 월요일은 만기일보다 훨씬 강세를 나타냈다. 단, 중소형주들만 상대적으로 약세를 나타냈다. 이 월요일에 대형주들은 지난 22년간 단 4차례 하락을 기록했을 뿐이다. 만기일은 전체적으로 약세였다. 만기주 전체로는 강세였지만, 최근 이런 강세가 사라지는 경향을 보이고 있다. 만기 다음 주는 현재 기술주와 중소형주에 유리하게 작용하고 있다. 다우지수는 만기 다음 주에 지난 13차례 중 9차례 하락했다.

어머니의 날(둘째 주 월요일) 전의 금요일에 다우지수는 지난 17차례 중 11차례 상승했고, 어머니의 날 당일에는 대형주들이 17차례 중 14차례 상승했다.

5월의 처음 이틀간은 대개 시장이 상승했고, 다우지수는 첫 번째 거래일에 지난 5차례 가운데 4차례 상승했다. 나스닥과 러셀 2000은 3일째에도 강세를 유지했고, 사실 이런 강세를 한 달 내내 이어갔다. 세 번째, 네 번째, 열다섯 번째, 열여섯 번째 거래일에는 대형주들이 종종 약세를 나타냈지만 월 중반에는 다소 상승세를 보이는 경향이 있었다. 나스닥과 러셀 2000은 5월의 마지막 3일 다시 강세를 이끌었다.

6월의 위험 June Juju

여름 최초의 달인 6월은 지난 41년 동안 대체로 나스닥 주식들에 더 유리한 환경을 조성했다. 나스닥에서 6월은 투자 적합도로 따져 일곱 번째 달이며, 41년간 23차례 상승하여 평균 상승 폭은 0.7퍼센트였다. 나스닥 최고의 8개월은 6월에 끝이 난다. 다우지수에서 6월은 1950년 이후 투자 적합도에 있어 바닥권이며 9월보다 조금 나은 정도다.

나스닥 최고의 8개월 기간은 장기적으로 훌륭한 성적표를 갖고 있다. 만약 1971년 이후부터 최고의 8개월 기간(11월부터 6월까지)만 나스닥 종합지수에 10,000달러를 투자하면, 1,011,221달러를 벌어들였을 테지만, 7월부터 10월까지 최악의 4개월 기간에 투자를 했다면 7,305달러 손해를 보았을 것이다.

대선 다음 해 6월은 대단한 약세를 면치 못했다. 다우지수와 S&P 500은 이때 평균적으로 상당한 하락 폭을 기록했다. 임기 중간 해 6월은 다우지수, S&P 500, 러셀 1000에 최악의 달이었다. S&P 500은 가장 큰 피해를 입어, 16차례 중 11차례 하락했고 평균 하락 폭은 2.1퍼센트였다. 대선 전해 6월은 성적이 가장 좋았지만, 최근에는 사정이 달라져 2007년과 2011년에는 하락을 기록했다.

6월에 있는 연중 두 번째 트리플 위칭 주는 어느 정도 변동성을 경험했다. 트리플 위칭 주의 월요일은 지난 22차례 가운데 12차례 상승했지만, 지난 4차례 중 3차례 하락했다. 트리플 위칭 주의 금요일은 약간 나았지만, 상승하기보다는 상당한 폭으로 하락하는 경향이 있었다. 한 주 전체의 실적은 일정치 않았다. 1퍼센트 이상의 상승과 하락이 번갈아 나타났다. 트리플 위칭 다음 주는 위험했다. 이 주에 다우지수는 13년 연속으로 하락을 기록했고, 상승은 22년 중 두 번밖에 없었다.

6월의 첫 번째 거래일은 다우지수의 경우 이 달에서 두 번째로 가장 성적이 좋은 날이었으며, 지난 21년 동안 15차례 상승했다. 첫 번째 거래일보다 나은 날은 한 차례 더 상승을 기록한 열 번째 거래일이었다. 나머지 6월의 날들을 보면 상승은 전체적으로 산발적으로 일어났고, 마지막 3일은 반년마다 있는 러셀 지수의 재구성으로 나스닥과 러셀 2000 지수의 주식이 제일 큰 폭으로 상승했다. 2분기의 마지막 날은 약간 역설적이다. 왜냐하면 "포트폴리오 펌핑(portfolio pumping, 윈도우 드레싱과 같은 의미—옮긴이)"으로 다우지수는 지난 21년간 15차례 하락한 반면 나스닥과 러셀 2000은 같은 기간에 각각 13차례, 14차례 상승했기 때문이다.

매해 월스트리트에 해가 길어지고 기온이 올라갈 때면 늘 어디선가 "여름 랠리(서머 랠리)"라는 말이 들려온다. 거래량이 줄어들기 시작하면, 여름 랠리에 대한 희망이 투자자들의 귀를 사로잡는다. 하지만 이런 랠리는 실제로 일어난다고 해도 대개 지나치게 짧거나 인상적이지 못한 결과로 끝나고 만다.

그러나 한 가지 눈에 띄는 예외가 존재한다. 나스닥을 보면, 6월 말에 시작되는 짧지만 매우 강력한 랠리가 1987년 이후로 꾸준히 형성되어온 것이다. 6월의 마지막에서 3번째 거래일부터 7월의 9번째 거래일까지 12일의 기간은 나스닥에서 평균 2.3퍼센트의 상승 폭을 기록했다.

요동치는 7월 July Jolt

7월은 다우지수와 S&P 500 지수에서 3분기 최고의 달일지 모르지만, 사실 그게 그렇게 대단한 것은 아니다. 다른 두 달, 즉 8월과 9월은 대부분 성적이 마이너스를 기록했기 때문이다. 1950년 이후 7월에 다우지수는 평균 1.2퍼센트 상승했고, S&P는 평균 0.9퍼센트 상승했다.

7월은 나스닥에서 최악의 4개월 기간이 시작되는 달이다. 몇 해를 제외하면, 이 장외 주가 지수는 7월에 성적이 신통치 못해 1971년 이후 평균적으로 단 0.02퍼센트 올랐을 뿐이다. 1년의 하반기가 시작되면서 퇴직계좌 같은 새로운 자금이 유입되는 상황 덕분에 완벽한 여름의 첫 달에는 종종 역동적인 거래가 일어난다. 그래서 초반에는 강세가 일어나고 중반에는 약세로 돌아섰다가 마지막에 강세를 회복한다(약세장이 진행 중이지 않는 한). 7월에 시장이 크게 상승하면, 나중에 큰 폭의 하락과 함께 더 나은 매수 기회가 종종 찾아온다.

    대선 다음 해의 7월은 상당히 성적이 좋았고, S&P 500 지수와 다우존스 산업평균지수에서는 최고의 달이었다. 임기 중간 해 7월은 러셀 2000에서 성적이 가장 나빴고, 최악의 달이었다. 러셀 2000은 평균 4.3퍼센트 하락했고, 단 두 차례만 상승을 기록했다. 대선 전해의 7월은, 한 해의 전반적인 강세를 등에 업고 그다지 큰 폭은 아니지만 상승을 맛보았다. 대선 해 7월은 선거 유세의 열기에 휩싸여 대형주들은 소폭의 상승과 하락을 번갈아 기록했다. 대선 해 7월은 나스닥에서 세 번째로 실적이 나쁜 달이었는데, 평균 1.8퍼센트의 하락 폭에 상승 4차례, 하락 6차례였다.

    7월의 옵션 만기 시기는 일정한 패턴을 찾기가 힘들다. 만기주 월요일은 최근 대단히 강한 강세를 보이며 지난 9년간 7차례 상승했다. 만기주 금요일은 얼마간 약세를 띠어 지난 22년간 겨우 8차례 상승했다. 만기주와 만기 다음 주는 상승하기도 하락하기도 하면서 한 주에 대개 2퍼센트 넘는 움직임을 보였다.

월초는 강세로 시작되어, 다우존스 산업평균지수와 S&P 500 지수는 지난 21차례의 첫 번째 거래일에서 17차례 상승을 기록했다. 이틀째는 약세를 띠다가 다시 강세가 돌아와 옵션 만기일까지 이어졌다. 7월 셋째 주는 7월의 가장 큰 구멍이라고 하겠다.

내가 오랜 세월 동안 추적한 많은 흥미로운 계절적 패턴 중 하나는 1950년 이후 다우지수가 7월에 3.5퍼센트 이상 상승했다는 것이다. 표 11.1은 7월에 매수 세력이 우르르 몰려들지만 그 뒤 몇 달 안에 주식을 좀 더 싸게 매수할 수 있는 기회가 찾아온다는 것을 보여준다.

뜨거웠던 7월 시장 뒤에 다소 빠르게 한 해 후반기의 저점이 8월에 5차례는 형성되었다. 1954년 8월의 저점은 1953년의 약세장(1953년 9월 바닥) 뒤 만들어졌다. 그 뒤 시장은 1956년 4월까지 줄곧 상승세를 이어갔다. 1958년 8월의 저점은 1957년 약세장이 있고 나서 1958년 4월 새로운 강세장이 나타난 뒤 형성되었다.

1969~1970년의 약세장이 1970년 5월 끝나고 나서는 1970년 8월에 금세 저점이 만들어졌다. 2009년에는 1900년 이후 두 번째로 끔찍한 약세장이 3월에 끝난 뒤 곧바로 시장이 저점에 도달했다. 그리고 2010년에는 현재 널리 알려져

표 11.1 뜨거운 7월 시장과 8월의 매수 기회

3.5퍼센트 이상의 7월 상승 폭			그 뒤 후반기의 저점		
연도	다우지수	상승 폭(%)	일자	다우지수	하락 폭(%)
1951	257.86	6.3	11월 24일	255.95	−0.7
1954	347.92	4.3	8월 31일	335.80	−3.5
1956	517.81	5.1	11월 28일	466.10	−10.0
1958	502.99	5.2	8월 18일	502.67	−0.1
1959	674.88	4.9	9월 22일	616.45	−8.7
1962	597.93	6.5	10월 23일	558.06	−6.7
1967	904.24	5.1	11월 8일	849.57	−6.0
1970	734.12	7.4	8월 13일	707.35	−3.6
1973	926.40	3.9	12월 5일	788.31	−14.9
1978	862.27	5.3	11월 14일	785.26	−8.9
1980	935.32	7.8	12월 11일	908.45	−2.9
1987	2572.07	6.3	10월 19일	1738.74	−32.4
1989	2660.66	9.0	10월 13일	2569.26	−3.4
1991	3024.82	4.1	12월 10일	2863.82	−5.3
1994	3764.50	3.8	11월 23일	3674.63	−2.4
1997	8222.61	7.2	10월 27일	7161.15	−12.9
2005	10640.91	3.6	10월 21일	10215.22	−4.0
2009	9171.61	8.6	8월 17일	9135.34	−0.4
2010	10465.94	7.1	8월 26일	9985.81	−4.6
				총계	−131.4
				평균	−6.9

있다시피, 벤 버냉키가 와이오밍 주 잭슨 홀에서 제2차 양적 완화QE2, Round 2 of quantitative easing에 관해 처음으로 언급하자, 시장에 바닥이 만들어졌다.

다른 모든 경우는 9월 중순에서 12월 중순의 90일 동안에 더 나은 매수 기회를 찾을 수 있었다.

Summary Note

- "5월에는 팔고 떠나라."는 충고에는 그만한 이유가 있다. 그러나 최근 변화하는 추세는 이 충고가 시대에 뒤떨어졌을지도 모른다는 것을 시사한다. 지난 2년간을 보면 4월에 주식을 파는 것이 분별 있는 행동이었다.
- 12일간 지속되는 나스닥의 여름 랠리를 제외하면, 6월과 7월에 시장에서 멀리 떨어져 있다고 해서 좋은 기회를 놓쳤다고 할 만한 일은 별로 없다. 다우지수가 7월에 3.5퍼센트 이상 상승할 때조차 나중에 보다 낮은 가격에 주식을 살 수 있는 기회가 생긴다.

12장

공휴일 전후를 노려라

"1990년 이후
매년 12월 22일부터 1월 3일까지는
늘 상승장이었다."

 누구나 때때로 휴식을 필요로 한다. 시장이나 시장 추종자들조차도 마찬가지다. 뉴욕 증권거래소는 특별한 휴일을 기념하기 위해 한 해 아홉 번, 즉 새해 첫날, 마틴 루터 킹의 날, 대통령의 날, 성금요일, 전몰장병 추모일, 독립기념일, 노동절, 추수감사절, 크리스마스에 문을 닫는다.

 물론 사람들이 지키는 다른 기념일이나 휴일도 많겠지만, 시장은 그때도 쉬지 않고 문을 연다. 시장이 쉬지 않을까 염려하지 말길. 스마트폰 시대에 사는 우리 거래자와 투자자는 그런 때라도 쉽게 시장 데이터에 접근하여 거래를 할 수 있으니까 말이다. 여러분이 몰래 주식을 사고파는 것이나 어머니에게 들키지 않도록 조심하기 바란다. 이런 때에는 거래에 집중하기가 힘들 테지만, 어쨌든 뉴욕 증권거래소에서 준수하지 않는 대부분의 휴일은 전체 시장에 뚜렷한 영향을 미치지 못한다. 예외는 유대교의 나팔절(유대력에 따라 9월 말이나 10월 초), 속죄일(나팔절 9일 뒤), 유월절(4월 초순이나 중순)이다. 이들 유대교 명절은 예외적으로 시장에 영향을 발휘하는데, 이에 관해서는 이 장의 뒷부분에서 다룰 것이다.

산타클로스 랠리

내가 새해 첫날의 휴일에 관해 먼저 얘기할 것이라 짐작했을지 모른다. 그러나 사실 전년도의 마지막 휴일, 즉 크리스마스에서부터 이야기를 풀어나가는 것이 제일 좋다. 산타클로스 랠리(크리스마스 뒤에 시작되는 7거래일 기간) 덕분에 크리스마스·새해 첫날의 전날과 다음날은 거래를 하기에 가장 좋은 때다. 기술주와 중소형주들의 경우는 특히 더 그렇다. 나스닥과 러셀 2000은 1990년 이후 크리스마스 3일 전부터 새해 첫날 3일 뒤까지 평균 3.1퍼센트와 2.4퍼센트 상승을 각각 기록했다.

시장 상승은 연말 축제 분위기, 연말 보너스 지급, 과세상

표 12.1 크리스마스 전후의 거래(1990년 이후)

	전날			다음날		
	상승 횟수	하락 횟수	평균 증감 폭(%)	상승 횟수	하락 횟수	평균 증감 폭(%)
다우지수 산업평균지수	14	8	0.28	16	6	0.24
S&P 500 지수	14	8	0.26	16	6	0.22
나스닥	14	8	0.51	17	5	0.25
러셀 2000 지수	16	6	0.40	18	4	0.37

각매도의 종결 덕분이라고 할 수 있다. 이들 축제 시즌은 사실 최고의 6개월 기간에, 나아가 연속하는 최고의 3개월 기간 바로 한가운데에 자리하고 있다.

휴일에 시장이 가장 큰 영향을 받는 것은 휴일 바로 전날과 다음날이므로, 우리는 뉴욕 증권거래소 휴일 전 3일과 그 후 3일의 시장 움직임이 어떤지 빠지지 않고 조사한다. 크리스마스 전날과 다음날에는 시장에 일관되게 상승 분위기가 지배했다. 표 12.1은 크리스마스 때 거래자들의 주식 거래를 보여주고 있다. 최근 강세장과 약세장 때의 거래를 좀 더 넓은 시각에서 보기 위해 1990년까지 거슬러 올라가 조사했다.

한 해 마지막 날에는 강세가 약한데, 이는 마지막 순간 이루어지는 포트폴리오 조정 탓이다. 다음 과세연도를 고려한 거래는 새해 첫 번째 거래일에도 종종 영향을 미친다. 최근

표 12.2 새해 첫날 전후의 거래(1990년 이후)

	전날			다음날		
	상승 횟수	하락 횟수	평균 증감 폭(%)	상승 횟수	하락 횟수	평균 증감 폭(%)
다우지수 산업평균지수	10	12	−0.23	15	7	0.40
S&P 500 지수	8	14	−0.21	10	12	0.27
나스닥	12	10	0.04	14	8	0.22
러셀 2000 지수	13	9	0.35	8	14	−0.14

에도 이런 매도세는 새해까지 이어졌다. 이런 매도는 다우지수와 S&P 500 지수의 평균 변화율이 마이너스를 기록한 것에서 잘 드러난다. 나스닥과 러셀 2000은 평균 하락 폭이 작긴 하지만, 나스닥의 경우는 지난 11년 마지막 거래일에 10차례 하락을 기록했다. 그전 1971년부터 1999년까지 29차례 연속으로 상승을 기록했던 것과 대조된다. 러셀 2000의 한 해 마지막 날 기록을 보면, 1979년부터 1999년까지 21차례 연속 상승했다가 지난 11년간 9차례 하락했다(표 12.2 참조).

마틴 루터 킹의 날

중요한 4분기 랠리는 1월에 조정을 겪거나 밀집 구간을 형성하는 경향이 있다. 이런 경향은 오랜 기간에 걸쳐 1월의 여러 다양한 때에 발생했다. 예컨대 2008년에는 첫째 날 시작되었지만, 2010년에는 중순에 시작되었다. 이런 경향이 언제 시작되느냐에 상관없이 1월 중반 형성되는 약세는 뉴욕 증권거래소가 문을 닫는 그 무렵의 휴일, 즉 마틴 루터 킹의 날에 부정적인 영향을 끼친다.

1998년 뉴욕 증권거래소는 1월 세 번째 주 월요일 마틴 루터 킹의 날을 공식적인 휴장일로 지정했고, 이 때문에 1월은 옵션 만기주가 짧아졌다. 부분적으로는 이렇게 거래일이 하루 줄어든 탓에 기록이 화요일에 신통치 않고 종종 주 후반에는 훨씬 더 좋지 않은 것이 아닌가 한다. 이 3일 연휴 전의 금요일 시장이 강세를 띨 때 숏 포지션을 취하는 게 다음 주 수익을 거둘 수 있는 최상의 방법이다(표 12.3 참조).

표 12.3 마틴 루터 킹의 날 전후의 거래(1998년 이후)

	전날			다음날		
	상승 횟수	하락 횟수	평균 증감 폭(%)	상승 횟수	하락 횟수	평균 증감 폭(%)
다우지수 산업평균지수	8	6	0.19	7	7	−0.33
S&P 500 지수	9	5	0.25	7	7	−0.31
나스닥	9	5	0.26	7	7	−0.24
러셀 2000 지수	10	4	0.23	7	7	−0.11

대통령의 날

대통령의 날은 그 전날과 다음날 모두 약세를 보이는 유일한 휴일이다. 지난 22년 동안 기록은 점점 더 나빠졌다. 이 겨울 중반의 3일 연휴 앞에 오는 금요일은 특히나 약세를 면치 못하는 반면, 그 뒤 화요일은 그처럼 심하지는 않고 최근에는 얼마간 나아지기도 했다. 하지만 나스닥과 러셀 2000은 평균 하락 폭이 더 컸다(표 12.4 참조).

1991년과 2003년 시장이 비정상적으로 강세를 보인 것은 모두 페르시아 만에서 일어난 전쟁과 관련이 있다. 1991년, 다국적군은 1990년 8월 사담 후세인에게 침공당한 쿠웨이트를 해방시키기 위해 한 달간 맹렬한 공중 공격을 퍼부었고, 이로써 이라크군은 심각한 피해를 입었다. 1991년 2월 15일,

표 12.4 대통령의 날 전후의 거래(1990년 이후)

	전날			다음날		
	상승 횟수	하락 횟수	평균 증감 폭(%)	상승 횟수	하락 횟수	평균 증감 폭(%)
다우지수 산업평균지수	6	16	−0.34	10	12	−0.33
S&P 500 지수	5	17	−0.47	11	11	−0.44
나스닥	5	17	−0.68	6	16	−0.88
러셀 2000 지수	10	12	−0.27	7	15	−0.64

대통령의 날을 앞둔 금요일 이라크는 처음으로 제재 해제를 조건으로 쿠웨이트 철군을 제안했으나, 부시 대통령은 "악랄한 속임수"라며 이를 거절했다. 대통령의 날 다음날 슈워츠코프 장군은 이라크군이 "붕괴 직전"에 있다고 선언했다. 적의 항복이 머지않았다는 것을 보여주는 이 두 가지 분명한 신호는 월스트리트에서 환영을 받았으며 매수 주문이 쇄도했다. 2003년 2월에는 다우지수가 전해 11월의 전고점에서 13.2퍼센트 폭락했다. 이라크에서 또 다시 총성이 울릴 것이라는 예상이 먹구름처럼 세계에 드리워졌기 때문이다. 이라크 침공이 임박하자, 시장은 대통령의 날 전날과 다음날 올랐다가 하락하여 3월 19일 침공이 있기 전주에 2003년의 최종적 저점에 도달했다.

대통령의 날 전주 금요일이 되기까지는 시장이 꽤 강세를 나타낸다. 따라서 여행을 떠나기 전에 여러분은 이런 강세를 이용하여 이익을 낼 수 있을 것이다. 만약 계속 거래할 계획이라면, 이 기간에 시장을 지배하는 약세를 노리고 공매도 거래해보자. 금요일은 일관되게 하락을 기록하고 있지만 이런 하락세가 화요일까지 자주 이어지는 것은 아니다. 따라서 금요일이 숏 포지션을 처분하기 가장 좋은 날이다. 겨울 중간의 짧은 연휴 무렵에 즐거운 기분으로 수익을 내기 바란다.

성 패트릭 기념일

성 패트릭 기념일은 3월이면 어김없이 찾아오는 유일한 휴일이다. 물론 성금요일과 부활절이 이따금 3월에 있기도 하지만, 그런 경우는 지난 62년간 12차례에 불과했다. 반면 성 패트릭 기념일은 매년 똑같은 날로 정해져 있다(3월 17일). 공식적으로 주식시장이 휴장하거나 은행이 문을 닫지는 않지만, 수백만(어쩌면 수십억) 명이 매년 이날을 기념한다. 축제는 월스트리트에도 영향을 미친다. 퍼레이드는 세계 곳곳에서 벌어지지만, 가장 큰 퍼레이드는 맨해튼 심장부를 가로지르며 지나간다. 뉴욕 시는 1762년 이래 해마다 이런 행사를 개최해오고 있다.

표 12.5 성 패트릭 기념일 전후의 거래(1990년 이후)

	전날			3월 17일 또는 그 다음날*		
	상승 횟수	하락 횟수	평균 증감 폭(%)	상승 횟수	하락 횟수	평균 증감 폭(%)
다우지수 산업평균지수	12	10	0.22	16	6	0.62
S&P 500 지수	14	8	0.18	7	5	0.66
나스닥	11	11	−0.11	15	7	0.71
러셀 2000 지수	9	13	−0.19	16	6	0.61

*3월 17일 혹은 성 패트릭 기념일이 주말과 겹칠 때는 그 다음 거래일

성 패트릭 기념일 당일 혹은 다음날이 주말일 경우 성 패트릭 기념일의 전날이 주말일 경우보다 상승 폭이 크고 보다 일관되게 상승하는 경향을 보인다. 이 수호성인의 기념일에 대한 기대와 5번가의 퍼레이드를 위한 준비로 주식시장은 활기를 잃는다. 축제에 참여하는 사람들이 빠져 나가면 월스트리트에는 무지개 끝의 황금을 손에 넣으려는 가장 열심인 전문가들만이 남게 된다. 어쩌면 성 패트릭 기념일이 보통 트리플 위칭 주에 속한다는 사실이 문제인지도 모른다. 표 12.5는 1990년 이후 시장이 성 패트릭 기념일 전날은 약세였지만, 당일 또는 그 다음날은 하락하는 횟수가 적었다는 것을 보여준다.

성금요일

성금요일Good Friday은 뉴욕 증권거래소의 공식적 휴일이며, 전날은 분명한 상승세, 다음날은 하락세가 지배하고 있다. 나스닥의 경우 지난 17년간 성금요일 전날 15차례 상승했고, 2001년 이후는 11차례 연속으로 상승을 기록했다. 부활절 다음날은 휴일 다음날 가운데 두 번째로 기록이 나쁘다(부활절은 일요일로 3월 중순부터 4월 중순까지 음력으로 정해지며 성금요일은 부활절 직전 금요일임—옮긴이). 하락 폭은 대통령의 날 다음날이 더 크다. S&P 500은 부활절 다음날 20년 중 16차례 하락했지만, 지난 8년간은 6차례 상승했다. 표 12.6은 성금요일 전날의 강세와 그 다음날의 약세를 잘 보여준다.

성금요일이 4월일 때는 3월일 때보다 그 전날이 강세일 확률이 높다. S&P 500은 성금요일이 4월에 있었던 지난 11차례 가운데 9차례 상승을 기록했다. 부활절 다음날은 성금요일이 4월일 때도 여전히 마이너스를 기록하고 있지만, 3월일 때보다는 기록이 좀 낫다. 이는 3월의 분기 말 변동성과 4월(다우지수에서 연중 최고의 달)의 전반적인 강세와 관련이 있을 가능성이 크다.

표 12.6 성금요일 전후의 거래(1990년 이후)

	전날			다음날		
	상승 횟수	하락 횟수	평균 증감 폭(%)	상승 횟수	하락 횟수	평균 증감 폭(%)
다우지수 산업평균지수	15	7	0.48	11	11	−0.08
S&P 500 지수	15	7	0.53	9	13	−0.13
나스닥	16	6	0.58	11	11	−0.29
러셀 2000 지수	16	6	0.61	6	16	−0.21

전몰장병 추모일

의회는 1971년 국경일법을 통해 5월 말일을 전몰장병 추모일 Memorial Day로 기념하도록 의결했다. 그 뒤 전몰장병 추모일은 5월 마지막 주 월요일로 옮겨졌다. 이날로 생기는 3일 연휴를 기점으로 앞에는 약세가 나타나고, 그 뒤에는 강세가 나타난다.

초여름 처음으로 찾아온 긴 연휴를 즐기기 위해 사람들이 일찍 휴가를 떠나면서 다우지수는 지난 4년간 3차례 하락을 기록했다. 전몰장병 추모일이 있는 주는 시장이 단기 추세를 쫓아 산발적인 움직임을 보였다. 다우존스 산업평균지수는 1984년부터 1995년까지 12년 연속으로 상승했다. 지난 16년에는 7차례 상당히 큰 폭으로 상승했다.

표 12.7 전몰장병 추모일 전후의 거래(1990년 이후)

	전날			다음날		
	상승 횟수	하락 횟수	평균 증감 폭(%)	상승 횟수	하락 횟수	평균 증감 폭(%)
다우지수 산업평균지수	11	11	−0.17	15	7	0.27
S&P 500 지수	11	11	−0.10	11	11	0.20
나스닥	11	11	−0.08	12	10	0.32
러셀 2000 지수	12	10	−0.01	11	11	0.29

1999년, 2000년, 2003년, 2007년, 2008년, 2009년은 세 자릿수 상승을 기록했다. 그러나 2010년은 204.66, 2011년은 290.32로 지난 2년간은 상당한 하락이 있었다(표 12.7 참조).

독립기념일

독립기념Independence Day일 전날과 다음날 거래는 종종 활기가 없다. 거래량은 이 양일에 감소하는 경향이 있다. 휴가가 그보다 일찍 시작하여 그보다 늦게 끝나기 때문이다. 최근에 어느 정도 나아지기는 했지만, 1980년 이후 다우지수, S&P 500, 나스닥, 러셀 2000은 독립기념일 전날과 다음날에 평균적으로 마이너스를 기록했다. 그 원인은 역시 사람들이 일찍

표 12.8 독립기념일 전후의 거래(1990년 이후)

	전날			다음날		
	상승 횟수	하락 횟수	평균 증감 폭(%)	상승 횟수	하락 횟수	평균 증감 폭(%)
다우지수 산업평균지수	12	10	0.03	9	13	0.03
S&P 500 지수	12	10	0.03	11	11	−0.07
나스닥	11	11	−0.06	9	13	−0.09
러셀 2000 지수	11	11	−0.18	9	13	−0.16

여름휴가를 떠나 늦게 돌아오는 것에서 찾을 수 있을 것 같다(표 12.8 참조).

노동절

많은 사람들에게 노동절Labor Day(미국의 노동절은 9월 첫째 월요일임—옮긴이) 연휴는 최고의 휴가 기간이다. 20세기 전반기에 미국 인구의 대략 4분의 1이 농장에서 일한 반면, 현재 농업 인구는 전체 미국 인구의 2퍼센트에도 미치지 못한다. 이 3일 연휴 전의 비즈니스 활동은 예전에는 훨씬 많은 에너지를 요구했을 테지만, 어쨌든 지금은 그렇지 않다.

1950년부터 1977년까지를 보면, 노동절 이전 3일 동안에

표 12.9 노동절 전후의 거래(1990년 이후)

	전날			다음날		
	상승 횟수	하락 횟수	평균 증감 폭(%)	상승 횟수	하락 횟수	평균 증감 폭(%)
다우지수 산업평균지수	11	11	0.09	13	9	0.26
S&P 500 지수	11	11	0.09	12	10	0.25
나스닥	12	10	0.15	12	10	0.16
러셀 2000 지수	15	7	0.10	10	12	0.22

다우지수는 28차례 중 25차례 상승했다. 그 뒤 강세는 노동절 바로 전날과 그 뒤 이틀로 옮겨갔다. 이는 종종 9월 초반의 강세와 일치했다.

1990년 이후 노동절 전날과 다음날은 평균적으로 상승을 기록했지만, 상승 횟수는 절반이 약간 넘는 정도다. 러셀 2000의 중소형주들은 노동절 전날 가장 일관되게 상승을 기록했다(표 12.9 참조).

나팔절에 팔고, 속죄일에 사고, 유월절에 팔라

월스트리트에는 "나팔절Rush Hashanah에 사고, 속죄일Yom Kippur에 팔라."는 오래된 금언이 있다. 한때는 이 금언이 잘 들어맞았지만, 지난 세기 중반부터는 통하지 않고 있다. 그래도 가을만 되면 여전히 이 말이 나도는데, 많은 유대인 거래자들이 9월이나 10월 나팔절과 속죄일을 지키기 위해 자리를 뜨기 때문이다. 그러면 동료 거래자들은 이 두 유대교 명절을 생각해보지 않을 수 없는 것이다. 어쨌든 우리는 나팔절에 팔고, 속죄일에 사고, 유월절Passover에 파는 것이 보다 현명한 행동임을 깨달았다. 이렇게 새로운 패턴이 형성되었다고 생각하는 이유는, 많은 거래자와 투자자들이 종교 의식과 가족 일로 바쁜 가운데 포지션 처분이 이루어지고 거래량이 줄어들면서 매수 공백이 생기기 때문이다(표 12.10 참조).

표 12.10에서 명절이 토요일이나 일요일인 경우 전날의 시장 종가를 이용했다. 나팔절과 속죄일이 9월이나 10월에 있다는 것은 우연이 아니다. 이 두 달은 위험하면서도 기회가 많은 달이다. 유월절은 편리하게도 3월 혹은 4월, 즉 최고의 6개월 거래 기간이 끝날 무렵에 있다.

탈무드의 지혜라고도 하겠지만, 나팔절과 속죄일 사이의 8일 기간 전에 주식을 팔면 많은 하락을 피할 수 있었다. 특히 2008년 같은 불확실한 시기에는 그것이 올바른 대처였다. 반면 속죄일에서 유월절까지 롱 포지션을 보유하고 있었다면, 상승 횟수가 두 배 이상이고 평균 상승 폭은 6.7퍼센트였을 것이다. 이런 거래 방법은 특히 2009년, 2010년, 2011년에 잘 들어맞았다. 늘 듣던 뻔한 얘기가 주변에서 나돌 때면 역발상적으로 행동하는 게 오히려 돈을 벌 수 있는 방법이 된다. 속죄일에 파는 대신 사는 것처럼 말이다.

표 12.10 나팔절에 팔고, 속죄일에 사고, 유월절에 팔라

	나팔절에서 속죄일까지 다우지수 증감 폭(%)	속죄일에서 유월절까지 다우지수 증감 폭(%)
1971	−2.7	6.4
1972	−1.7	0.9
1973	2.3	−12.7
1974	−0.3	20.7
1975	−3.9	22.1
1976	−3.1	−5.2
1977	−1.8	−3.2
1978	4.1	−3.4
1979	−2.3	−10.1
1980	2.7	4.3
1981	4.2	−4.0
1982	0.4	22.8
1983	−1.5	−5.0
1984	−2.4	6.5
1985	0.3	39.6
1986	1.4	25.3
1987	2.1	−24.7
1988	1.0	13.7
1989	3.7	−2.2
1990	−4.1	18.8
1991	0.2	11.6
1992	−3.0	7.1
1993	−2.5	6.5
1994	1.8	6.4
1995	−0.5	19.9
1996	1.0	15.9
1997	0.4	11.8

	나팔절에서 속죄일까지 다우지수 증감 폭(%)	속죄일에서 유월절까지 다우지수 증감 폭(%)
1998	0.7	25.4
1999	−1.9	0.2
2000	−0.8	−7.4
2001	−2.7	19.8
2002	−0.6	−0.5
2003	3.0	10.2
2004	−1.8	1.1
2005	−3.0	9.0
2006	1.4	7.2
2007	2.9	−7.0
2008	−20.9	−5.8
2009	−0.3	11.4
2010	1.8	15.6
2011	−0.5	17.6
평균 증감 폭	−0.7	7.0
상승 횟수	18	28
하락 횟수	23	13

추수감사절

35년 동안 두 번의 예외를 제외하면 추수감사절Thanksgiving (11월 넷째 주 목요일) 전 수요일과 그 뒤 금요일은 매우 좋은 성적을 냈다. 이런 현상의 원인을 축제 분위기에서 찾는 것은 하등 어려운 일이 아니다. 그러나 그 얘기를 1987년의《주식 거래자 연감》에 실은 것은 치명적인 실수였다. 1987년 수요일, 금요일, 월요일 주식시장이 주저앉아 이 3일 동안 6.6퍼센트 하락을 기록했기 때문이다. 1988년 이후 수요일에서 금요일까지는 24차례 중 14차례 상승하여, 다우지수는 총 451.20포인트의 상승을 기록한 반면, 월요일은 1998년 이후 13차례 중 9차례 하락하여 통틀어 619.07포인트가 빠졌다.

2011년에는 역할이 뒤바뀌었다. 수요일과 금요일 다우지수는 263포인트가 빠졌지만, 그 다음 월요일에는 다시 291포인트가 올랐다. 이때는 유럽의 부채 문제, 중국의 성장 둔화 징후, 워싱턴의 또 다른 예산 협상 실패로 인해 1932년 이래 최악의 추수감사절 주간이 만들어졌고, 이에 따라 시장은 1901년 이래 세 번째로 큰 하락 폭을 기록했던 것이다. 하지만 주말에 휴일 쇼핑이 16.4퍼센트 증가하고 유럽의 지도자들이 유럽의 부채 위기를 해결할 방안을 추진 중이라는 소

표 12.11 추수감사절 전후의 거래(1990년 이후)

	전날			다음날		
	상승 횟수	하락 횟수	평균 증감 폭(%)	상승 횟수	하락 횟수	평균 증감 폭(%)
다우지수 산업평균지수	14	8	0.17	13	9	0.13
S&P 500 지수	14	8	0.22	13	9	0.17
나스닥	16	6	0.39	16	6	0.49
러셀 2000 지수	15	7	0.36	17	5	0.30

식이 전해지자, 월요일에 시장이 전체적으로 상승하는 결과가 나타났다.

두바이 부채 위기는 2009년 월스트리트에서 검은 금요일(추수감사절 다음날인 금요일로 일 년 중 가장 큰 폭의 세일 시즌이 시작되는 날—옮긴이)을 없애버렸다. 다우존스 산업평균지수는 이날의 짧은 거래 시간(1시 폐장)에도 불구하고 154.48포인트가 빠져나갔다. 4대 지수 모두 지난 3년간에는 추수감사절 다음날에 하락을 기록했다. 최선의 전략은 약세를 보이는 화요일이나 수요일에 롱 포지션을 취해 다음 주 월요일까지 기다리거나 아니면 그전에 시장이 강세를 보일 때 포지션을 청산하는 것이다(표 12.11 참조).

> Summary Note

- 산타클로스 랠리 덕분에 크리스마스와 새해 첫날의 전날과 다음날들은 투자에 가장 좋은 시기다. 그러나 새해 첫날 전후의 거래는 결과가 엇갈린다. 최근 거래자들은 새해 첫 거래일에 주식을 파는 쪽을 보다 많이 택했다.
- 노동절 전날과 전몰장병 추모일 다음날의 강세는 9월 첫날과 6월의 강세에 영향을 받은 것이다. 부활절 다음날은 휴일 다음날 중 두 번째로 성적이 나쁘다. 하지만 놀랍게도 그 다음날은 휴일 다음 두 번째 날 중 성적이 가장 좋은 편에 속한다. 새해 첫날 다음 두 번째 날도 마찬가지다.
- 대통령의 날은 강세를 기대하기 가장 힘든 휴일이다. 그 전날과 그 뒤 3일 동안에는 약세가 나타난다. 나스닥은 대통령의 날 전날 22차례 중 17차례 하락했다(다우지수는 22차례 중 16차례, S&P는 22차례 중 17차례, 러셀 2000은 22차례 중 12차례).
- 다른 반복되는 주식시장 주기처럼 휴일 거래에는 밀물과 썰물이 존재한다. 패턴은 결코 100퍼센트 똑같지 않다. 외부적 사건이 쉽게 시장의 호조를 무너뜨리기도 한다. 패턴은 인간의 행동과 사회적 전통의 변화에 따라 오랜 시간에 걸쳐 바뀌어간다.

13장

금요일에는 팔지 마라

"약세장일 때 금요일은 한 주 중 최악,
월요일은 두 번째로 나쁜 날이다."

우리는 지금까지 《주식 거래자 연감》을 발행해온 오랜 시간 동안 주식시장의 추세와 경향을 파악하기 위해서 주식시장의 실적을 연, 월, 주, 일, 30분 단위로 조사해왔다. 거의 반세기에 가까운 조사를 통해 우리가 거듭 확인한 것은, 한 달, 한 주, 하루의 시작과 끝, 중간이 중요하다는 것이다.

 이런 사실에 충격을 받을 필요는 없다. 우리 인간은 우리 삶의 거의 모든 것에서 시작과 끝을 무척 중요시한다. 반복되는 나날의 일과에서부터 우리의 삶 전체에 두루 미치기까지 우리는 수많은 사건들의 시작과 끝에 대처해야 한다. 어떤 때는 불안, 슬픔, 공포와 함께, 또 어떤 때는 기쁜 마음으로 시작을 직면한다. 끝도 마찬가지다.

이런 사정은 주식시장에도 영향을 미치는데 결국 주식시장에서 매일 거래하고 투자하는 것은 사람들이기 때문이다. 컴퓨터가 현재 중요하게 쓰이고 있기는 하지만 컴퓨터로 하여금 무슨 일을 할지 프로그래밍하는 것은 어쨌거나 사람 몫이다.

대부분의 상승은 월요일과 화요일에 이루어진다

1990년 이후 다우지수를 보면, 월요일과 화요일은 한 주 중 가장 일관되게 강세를 기록한 날이며, 목요일과 금요일은 약세가 가장 두드러졌다. 거래자들은 주말까지 롱 포지션을 갖고 있으려 하지 않기 때문이다. 월요일과 화요일은 다우지수가 통틀어 11,992.54포인트 상승했으며, 목요일과 금요일은 2,677.45포인트 하락을 기록했다. 지난 횡보장과 약세장의 해를 보면, 금요일은 한 주 중 최악의 날이었고, 월요일은 두 번째로 나쁜 날이었다. 강세장의 해에는 월요일이 가장 성적이 좋은 날이었고, 금요일은 그 다음으로 두 번째다. 표 13.1에서 월요일이 휴일로 폐장된 경우 화요일의 데이터를 사용했다. 금요일이 휴일로 폐장되었을 경우 역시 목요일의 기록으로 대신했다.

표 13.1 다우지수의 요일별 연간 증감 폭(1990년 이후)

연도	월요일*	화요일	수요일	목요일	금요일*	다우지수 증가	연간 증감 폭
1990	219.90	-25.22	47.96	-352.55	-9.63	2633.66	-119.54
1991	191.13	47.97	174.53	254.79	-133.25	3168.83	535.17
1992	237.80	-49.67	3.12	108.74	-167.71	3301.11	132.28
1993	322.82	-37.03	243.87	4.97	-81.65	3754.09	452.98
1994	206.41	-95.33	29.98	-168.87	108.16	3834.44	80.35
1995	262.97	210.06	357.02	140.07	312.56	5117.12	1282.68
1996	626.41	155.55	-34.24	268.52	314.91	6448.27	1331.15
1997	1136.04	1989.17	-590.17	-949.80	-125.26	7908.25	1459.98
1998	649.10	679.95	591.63	-1579.43	931.93	9181.43	1273.18
1999	980.49	-1587.23	826.68	735.94	1359.81	11497.12	2315.69
2000	2265.45	306.47	-1978.34	238.21	-1542.06	10786.85	-710.27
2001	-389.33	336.86	-396.53	976.41	-1292.76	10021.50	-765.35
2002	-1404.94	-823.76	1443.69	-428.12	-466.74	8341.63	-1679.87
2003	978.87	482.11	-425.46	566.22	510.55	10453.92	2112.29
2004	201.12	523.28	358.76	-409.72	-344.35	10783.01	329.09
2005	316.23	-305.62	27.67	-128.75	24.96	10717.50	-65.51
2006	95.74	573.98	1283.87	193.34	-401.28	12463.15	1745.65
2007	278.23	-157.93	1316.74	-766.63	131.26	13264.82	801.67
2008	-1387.20	1704.51	-3073.72	-940.88	-791.14	8776.39	-4488.43
2009	-45.22	161.76	617.56	932.68	-15.12	10428.05	1651.66
2010	1236.88	-421.80	1019.66	-76.73	-608.55	11577.51	1149.46
2011	-571.02	1423.66	-776.05	246.27	317.19	12217.56	640.05
2012**	514.63	-21.71	75.52	304.79	121.25	13212.04	994.48
총계	6922.51	5070.03	1143.75	-830.53	-1846.92		10458.84

*월요일은 한 주의 첫 번째 거래일을 의미하고, 금요일은 한 주의 마지막 거래일을 의미한다.
**2012년 3월 30일까지 일부의 기록이다.

월요일, S&P 500을 위한 반전

1952년부터 1989년 동안 월요일은 한 주 가운데 최악의 거래일이었다. 그림 13.1에서 한 주의 첫 번째 거래일(월요일이 휴일이었을 때는 화요일)은 단 44.3퍼센트의 확률로 상승했고, 다른 거래일은 평균 54.8퍼센트의 확률로 종가가 상승했다(뉴욕 증권거래소에서는 1952년 6월부터 토요일 거래가 중단되었다).

그림 13.2에서 보다시피, 1990년에 드라마틱한 반전이 일어났다. 월요일이 한 주 가운데 가장 강력한 날이 된 것이다. 그러나 지난 11년 동안 가장 큰 상승 폭을 기록한 것은 화요일이었다. 2000년 천장이 형성된 뒤, 거래자들은 주말에 롱포지션을 보유하고 있기를 꺼리게 되었으며 주초에 주식을 닥치는 대로 사들이는 일도 피하는 경향을 보였다. 시장이 불확실한 시기에 이것은 흔히 볼 수 있는 일이다. 월요일은 2007년부터 2009년의 약세장 때 기록이 가장 나쁜 날이었고, 오로지 화요일만 전체적으로 플러스를 기록했다. 2009년 3월의 바닥 이후에는 월요일의 실적이 가장 좋았다.

그림 13.1 S&P 500의 요일별 실적(1952년 6월~1989년 12월)

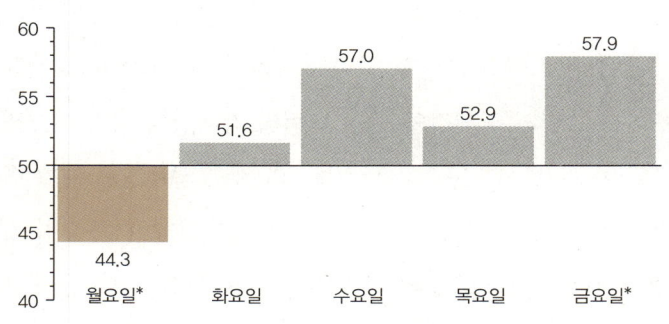

※ S&P 500 지수의 종가가 전날보다 높았던 횟수를 기준으로 한다.
*월요일은 한 주의 첫 번째 거래일을 나타내고, 금요일은 한 주의 마지막 거래일을 나타낸다.

그림 13.2 S&P 500의 요일별 성적(1990년 1월~2012년 3월 30일)

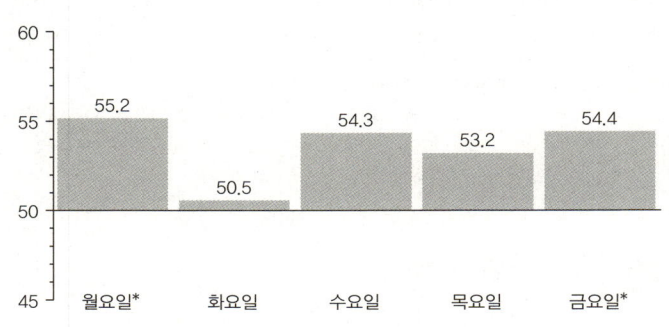

※ S&P 500 지수의 종가가 전날보다 높았던 횟수를 기준으로 한다.
*월요일은 한 주의 첫 번째 거래일을 나타내고, 금요일은 한 주의 마지막 거래일을 나타낸다.

약세장에서는 월요일과 금요일을 피하라

시장 추세에 따라 요일별 성적이 달라지는지 알아보기 위해 우리는 22번의 약세장의 해와 38번의 강세장의 해를 비교해 보았다. 화요일과 목요일은 약세장의 해와 강세장의 해가 별반 다르지 않았지만, 월요일과 금요일은 상당히 큰 차이가 났다. 월요일과 금요일의 기록은 각각 10.5퍼센트와 9.5퍼센트의 차이가 있었던 것이다(표 13.2 참조).

표 13.2 S&P 500의 요일별 기록(1952년 6월~2011년)

	월요일	화요일	수요일	목요일	금요일
61년 전체	47.9%	51.4%	56.0%	52.6%	56.5%
38번의 강세장의 해	51.8%	52.8%	58.5%	53.4%	60.0%
22번의 약세장의 해	41.2%	48.9%	51.8%	51.3%	50.5%

※ 1968년에 마지막 7개월 동안 대부분의 수요일이 휴장
*월요일은 한 주의 첫 번째 거래일을 나타내고, 금요일은 한 주의 마지막 거래일을 나타낸다.

나스닥의 황소 같은 힘

기간으로 따져 20년이 안 되는 자료지만, 그림 13.3에 나타난 나스닥의 요일별 거래 패턴은 S&P 500과 꽤 비슷하다.

목요일에 좀 더 강세를 띤다는 점만 다르다. 시장이 대개 횡보세를 보인 1970년대와 1980년대 초에는 불안해한 투자자들이 주말에 투자를 포기하기로 결정하고 월요일과 화요일에 주식을 매도했던 것 같다.

그림 13.4를 보고 1990년 1월 1일부터 최근까지 나스닥과 S&P 500의 요일별 거래 패턴에 큰 차이가 생겼다는 것을 확인하라. 나스닥이 훨씬 강세를 보이는 것은 나스닥이 1990년에서 2000년까지의 기간 동안 S&P 500의 세 배가 넘는 1,010퍼센트 상승을 기록했기 때문이다. 이때 S&P 500과 다우지수의 상승 폭은 각각 332퍼센트와 326퍼센트였다.

그림 13.3 나스닥의 요일별 성적(1971~1989년)

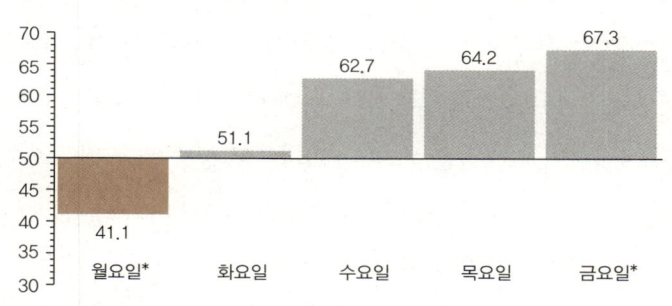

※ 나스닥의 종가가 전날보다 높았던 횟수를 기준으로 함. 1971년 2월 5일 이전은 전미 호기록청에서 인용
*월요일은 한 주의 첫 번째 거래일을 나타내고, 금요일은 한 주의 마지막 거래일을 나타낸다.

그림 13.4 나스닥의 요일별 성적(1990년~2012년 3월 30일)

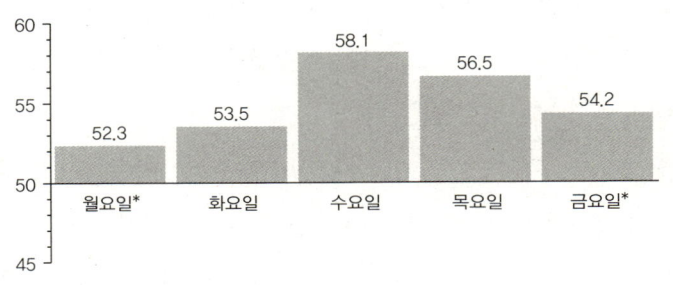

※ 나스닥의 종가가 전날보다 높았던 횟수를 기준으로 함. 1971년 2월 5일 이전은 전미 호기록청에서 인용
*월요일은 한 주의 첫 번째 거래일을 나타내고, 금요일은 한 주의 마지막 거래일을 나타낸다.

    2000년의 고점에서 77.9퍼센트가 빠져나간 뒤에도(다우지수는 -37.8퍼센트, S&P 500은 -49.1퍼센트) 나스닥의 기술주들은 여전히 블루칩이나 대형주들을 실적 면에서 앞선다. 과거 만큼은 아니라고 해도 말이다. 1971년 1월 1일부터 2012년 5월 4일까지 나스닥은 무려 3,199퍼센트 상승했다. 다우지수(1,454퍼센트 상승)와 S&P 500(1,386퍼센트 상승)의 기록은 나스닥의 반에도 미치지 못했다.

    나스닥의 월요일 실적은 2000년부터 2002년까지 3년간의 약세장에서는 변변치 못했다. 나스닥이 반등하자(2003년 50퍼센트 상승) 2003년부터 2006년까지의 월요일은 다시 강세로

그림 13.5 30분 단위로 살펴본 다우지수의 하루 기록(1987년~2012년 4월)

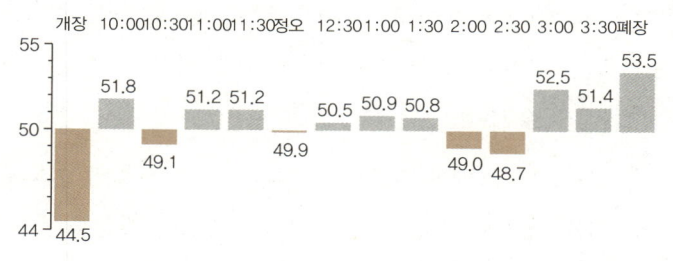

※ 다우존스 산업평균지수가 그전 30분보다 상승한 횟수를 기준으로 한다.

돌아섰다. 2007년 말부터 2009년 초까지의 약세장에서는 월요일과 금요일이 가장 일관되게 약세를 나타냈다. 나스닥의 주간 패턴은 이제 주식시장의 다른 지수들과 닮아가고 있다.

거래자들도 점심은 먹는다

다우존스 산업평균지수의 30분 데이터는 1987년 1월부터 작성되었다. 그림 13.5에서 1987년부터 2012년까지 30분 단위의 실적 차트를 보면, 이른 아침과 오후 중반에 약세가 형성되며 폐장 무렵에는 강세를 띤다는 것을 확인할 수 있다.

밤새 혹은 주말에 포지션을 재평가하고 나서 아침이 되자마자 매물을 내놓는 것은 하수(下手)나 개인들이다. 증권회사는 고객들에게 싼 가격에 주식을 사게 하여 점심 전까지 주가를 끌어올린다.

거래자들 역시 밥을 먹는다. 월스트리트 사람들이 정오부터 2시까지 점심을 먹는 동안 주가가 주저앉는 현상을 볼 수 있을 것이다. 이때 고수들은 폐장 무렵에 주가가 크게 움직일 것에 대비하여 포지션을 취하는데, 주가는 2시에서 3시까지 떨어지는 경향이 있다. 폐장 전 1시간 동안 기관과 전문 거래자들은 대개 롱 포지션을 유지하여 주가는 더 높이 오른다.

나는 1987년 1월 이후의 30분 단위 거래 데이터를 요일별로 나누어 한 주의 전형적인 움직임을 조사했다. 월요일에는 개장 때 투매가 일어난 뒤 시장이 두 번째 30분 동안에 반등한 다음 오후 3시까지 줄곧 횡보세를 보였다. 종가는 월요일이 가장 강세를 보이며 금요일이 그 뒤를 바짝 쫓고 있다.

주 중반의 아침은 일반적으로 시장이 하락하고, 목요일이 최악이다. 금요일은 강세로 시작하여 횡보세를 보이다가 마지막 한 시간 전까지 하락하는 경향이 있다. 모든 요일에서 주가는 폐장 시간 가까이서 강세를 띠고 이른 아침과 오후 2시부터 2시 30분까지 약세를 나타내기 십상이다. 폐장 무렵 약세를 보였다면, 특히 금요일과 월요일에 그랬다면, 시장이 앞으로 크게 하락할 위험이 있다는 징후다.

> **Summary Note**
>
> - 공포, 기쁨, 탐욕은 삶의 사실들이다. 거래는 점점 더 컴퓨터에 의존하게 되었지만, 인간의 본성은 시장에 여전히 무시할 수 없는 영향을 미친다.
> - 하루 혹은/그리고 한 주의 처음과 끝이 약세를 띤다는 것은 시장에 대한 신뢰가 약해지고 있다는 신호다. 강세는 강세를 낳는다.
> - 나날의 습관과 생활 패턴은 주가의 장중 움직임에 뚜렷한 자국을 남겼다.

14장

3박자가 맞을 때 움직여라

"계절, 강력한 지표, 완벽한 타이밍이
역사가 검증한 투자 3요소이다."

투자의 고속도로에는 중간에 포기한 거래자들의 차들이 버려져 있다. 그들은 현명한 거래 방법을 고수하는 데 실패했거나 처음부터 그런 것을 갖고 있지 못했던 것이다.

  어떤 거래자들은 일일이 신경 쓰지 않고 금융 매니저들에게 투자를 일임하는 반면, 어떤 거래자들은 자신의 자금을 직접 활발하게 운용한다. 각자의 방식이 어떻든 간에 여러분은 거래와 투자와 관련하여 보다 나은 결정을 내리기 위해 시장이 어떻게 해서 상승하고 하락하는지 알 필요가 있다. 이 장에서 다루는 전략은 주기나 패턴이 거래 기회를 조성하는 때나 거래 조건이 무르익는 때를 파악하는 것이, 그리고 기술적 지표의 매수 혹은 매도 신호를 분간하는 것이 대단히 쉽고 간단하다는 것을 보여줄 것이다. 하지만 먼저 지난 몇십 년 동안 우리가 얼마나 멀리 온 것인지 한번 살펴보도록 하자.

개인 거래자를 위한 기회

예전에는 패턴이나 주기에 따라 거래 전략을 실천하기가 훨씬 힘들었다. 그렇게 할 수 있었던 것은 대형 기관이나 부유한 투자자, 노련한 거래자들 정도로 국한되어 있었다. 그들만이 이런 추세를 이용하기 위한 복잡한 파생상품 거래 전략이나 단위 투자 신탁을 구성하고 이를 위한 자금을 댈 만한 자본 자원이나 노하우를 갖고 있었던 것이다.

하지만 상장지수펀드ETF, exchange traded fund가 등장하면서, 개인 투자자나 거래자도 실질적으로 모든 지수, 부문, 상품, 채권을 그리고 여타 자산군까지 거래할 수 있게 되었다. 예컨대 사람들이 많이 찾는 대형주들의 주가 지수로 S&P 500 지수를 보자. S&P 500은 세계에서 가장 크고 영향력 있는 500대 회사의 주가 지수다.

1993년 이전에 S&P 500을 거래하려면, 비싼 선물 계약이나 위험한 지수옵션, 일부 형태의 단위 신탁을 통하거나 아니면 증권회사가 주식을 패키지로 묶어 부유한 개인들에게 파는 랩어카운트 계약wrap fee agreement을 이용하는 방법밖에 없었다. 그러다가 ETF가 생겨났다. 최초의 ETF는 S&P 500을 대상으로 만들어졌다. 이 지수상장펀드는 이 500개의 주식을 하나의 새로운 증권으로 패키지화했다.

이 ETF는 비공식적으로 스파이더Spyder라고 불렸다. 이 별명은 SPDR S&P 500이라는 이름과 SPY라는 거래 기호에서 따온 것이다. SPDR은 스탠다드 앤드 푸어스 예탁 증권Standard and Poor's Depository Receipts의 약자다. 이것은 대중이 증권거래소에서 자유롭게 거래할 수 있는 단위 신탁이다. 이 ETF 1주는 그 가치가 S&P 500 지수의 10분의 1에 해당한다. S&P 500의 1주에 1,400달러를 지불하는 대신 140달러를 주고 SPY 1주를 살 수 있게 된 것이다.

투자와 거래 전략은 거래자에 따라 많고 다양한 시간 프레임이 존재한다. 나는 어떤 식으로 생각해도 데이 트레이더는 아니지만, 살 때와 팔 때가 있고 보다 적극적인 트레이더가 되어야 할 때가 있다고 믿는 편이다. "밀물 때는 모든 배가 떠오른다."는 말도 있지 않은가. 그러므로 단기 포트폴리오 구성 작업에 들어가기 전에 큰 그림을 분명하게 이해하는 것

상장지수상품이란 무엇인가?

상장지수상품ETP, exchange-traded product은 다른 투자 대상에 근거한 증권이다. ETP는 상품, 통화, 일군의 주식, 채권, 지수를 바탕으로 하는 증권 상품일 수 있으며, 아니면 적극적으로 운용되는 펀드일 수도 있다. ETP는 주요 증권거래소에서 하루하루 가격이 등락하며 거래가 이루어진다. ETP에는 상장지수펀드, 상장지수매체ETV, exchange-traded vehicle, 상장지수채권ETN, exchange traded note, 증권 등이 있다.

ETF는 가장 널리 만들어지고 이용되는 ETP의 일종이다. ETF는 주가 지수, 상품, 통화 혹은 다른 자산군을 추적하는 자산을 실제로 담보하고 있다. ETF는 장중 거래와 공매도 거래, 증거금 거래, 옵션거래가 가능하여 인덱스 펀드의 다각화 기회를 제공한다. 게다가 뮤추얼펀드에 비해 비용지급비율이 상당히 낮다.

상장지수채권은 약간 다르다. ETN 역시 대형 거래소에서 주식처럼 장중에 거래되지만, 선순위 무담보 채무 증권이다. 발행자의 신용 등급이 ETN의 가치에 영향을 미칠 수 있다. ETN은 채권과 ETF의 특성을 결합해놓은 것이다. 투자자들은 채권처럼 ETN을 만기까지 보유해도 무관하며, 만기 시에는 원금에 해당하는 돈을 받을 수 있다. ETN은 신용할 수 있는 회사가 특히 상품과 변동성 지수를 거래하기 위해 발행했을 때 좋다.

상장지수매체는 다수의 시장 조성자의 요구로 만들어지고 변제되는 개방형 담보부 채무 증권이다.

이 중요하다. 시장이 장기 주기에서 어디쯤에 와 있는가 알아야 한다는 것이다. 그렇게 되면 여러분은 전반적으로 얼마나 공격적으로 혹은 방어적으로 투자나 거래를 해야 하는지 판단할 수 있을 것이다.

모든 일에는 때가 있다

1970년대에 베트남 전쟁의 부담이 견딜 수 없는 것이 되고, 닉슨 대통령이 미국의 금본위제를 폐기하고, OPEC은 미국에 대해 석유 금수 조치를 취하고 있을 때, 장기 약세장이 바닥을 찍었다고 선언한 최초의 인물은 바로 나의 아버지 예일 허시였다. 나는 당시 8살의 어린 나이였지만 아버지가 발행한 1974년 10월의 뉴스레터 헤드라인을 지금까지도 결코 잊을 수 없다. "매수! 매수! 매수!" 전면에 18차례나 그렇게 외쳤던 것이다.

세월이 가는 동안 나는 맨 땅에서부터 하나하나 사업을 배워 나갔다. 내가 처음으로 연례 전망을 작성했던 2001년 12월 이후 매년 나는 시장의 움직임을 분석하고 전망했으며, 다행히도 상당한 성공을 거두었다. 시장이 이런 주기에서 어디쯤

와 있는지에 관한 이런 연례 전망과 연중 재평가가 바로 우리가 무엇을 거래해야 하는지 가르쳐주는 것이다. 어떤 주어진 시점에 시장이 어떤 혹은 모든 주기의 어디쯤에 와 있는지 알게 되면, 우리는 기본적·기술적 거래 전술을 이용하여 매도·매수 결정을 확인한다.

계절적 패턴 거래 리스트(표 14.1, 표 14.2 참조)는 지난 10년간 한층 나아졌다. 결과가 신통치 않은 거래는 빼고 새로운 거래들을 포함시킨 덕분이다. 중요한 것은, 여러분이 선택하는 거래 수단의 전략이나, 거래 방법, 구성이 여러분이 거래하거나 투자하고자 하는 시장 혹은 업종과 맞아야 한다는 것이다.

표 14.1 선별한 업종별 주가 지수의 계절적 패턴 거래

종목 코드	업종 지수	거래 형태	기간 시작	기간 끝
XCI	컴퓨터 기술	공매도	1월 초순	3월 초순
IIX	인터넷	공매도	1월 초순	2월 하순
XNG	천연가스	매수	2월 하순	6월 초순
RXP	건강관리 제품	매수	3월 중순	6월 중순
RXH	건강관리 제공업자	매수	3월 중순	6월 중순
MSH	하이테크	매수	3월 중순	7월 초순
XCI	컴퓨터 기술	매수	4월 중순	7월 중순
IIX	인터넷	매수	4월 중순	7월 초순

종목 코드	업종 지수	거래 형태	기간 시작	기간 끝
CYC	경기 순환	공매도	5월 중순	10월 하순
XAU	금은	공매도	5월 중순	6월 하순
S5MATR*	원자재	공매도	5월 중순	10월 중순
BKX	은행업	공매도	6월 초순	7월 초순
XNG	천연가스	공매도	6월 중순	7월 하순
XAU	금은	매수	7월 하순	12월 하순
DJT	운송업	공매도	7월 중순	10월 중순
UTY	공공시설	매수	7월 하순	1월 초순
BTK	바이오테크	매수	8월 초순	3월 초순
RXP	건강관리 제품	매수	8월 초순	2월 초순
MSH	하이테크	매수	8월 중순	1월 중순
IIX	인터넷	매수	8월 초순	1월 초순
SOX	반도체	공매도	8월 중순	10월 하순
CMR	소비자	매수	9월 하순	6월 초순
RXH	건강관리 제공업자	공매도	9월 중순	11월 초순
XOI	석유	공매도	9월 초순	11월 하순
BKX	은행업	매수	10월 초순	5월 초순
XBD	증권업	매수	10월 초순	4월 중순
XCI	컴퓨터 기술	매수	10월 초순	1월 초순
CYC	경기순환	매수	10월 초순	5월 중순
RXH	건강관리 제공업자	매수	10월 하순	1월 중순
S5MATR*	원자재	매수	10월 중순	5월 중순
DRG	제약업	매수	10월 중순	1월 초순
RMZ	부동산	매수	10월 하순	5월 초순
SOX	반도체	매수	10월 하순	12월 하순
XTC	전기통신	매수	10월 중순	12월 하순
DJT	운송업	매수	10월 초순	5월 초순
XOI	석유	매수	12월 중순	7월 초순

*S5MATR은 Bloomberg.com에서 찾을 수 있다.
출처: 《주식 거래자 연감》

표 14.2 선별한 상품의 계절적 패턴 거래

상품	월물	기간	거래일	보유 일수
1월				
S&P 500 천장(공매도)	3월물	1983~2011년	2일	12일
유로화 천장(공매도)	3월물	1999~2011년	3일	24일
밀 천장(공매도)	7월물	1970~2011년	3일	85일
S&P 500 바닥(매수)	3월물	1983~2011년	15일	7일
2월				
30년 만기 채권 천장(공매도)	6월물	1978~2011년	3일	44일
엔화 바닥(매수)	6월물	1977~2011년	6일	62일
대두 바닥(매수)	7월물	1969~2011년	9일	73일
원유 바닥(매수)	7월물	1984~2011년	10일	60일
금 천장(공매도)	4월물	1975~2011년	13일	17일
은 천장(공매도)	5월물	1973~2011년	13일	45일
설탕 천장(공매도)	7월물	1973~2011년	14일	39일
천연가스 바닥(매수)	7월물	1991~2011년	16일	41일
3월				
코코아 천장(공매도)	7월물	1973~2011년	10일	23일
엔화 천장(공매도)	6월물	1977~2011년	10일	14일
유로화 천장(공매도)	6월물	1999~2011년	11일	9일
영국 파운드화 바닥(매수)	6월물	1976~2011년	15일	22일
4월				
30년 만기 채권(매수)	9월물	1978~2010년	18일	81일
S&P 500 바닥(매수)	9월물	1982~2010년	18일	28일
5월				
소 천장(공매도)	3월물	1976~2010년	2일	30일
구리 천장(공매도)	7월물	1973~2011년	8일	13일
은 천장(공매도)	7월물	1973~2010년	10일	29일
커피 천장(공매도)	9월물	1974~2010년	16일	54일
영국 파운드화(공매도)	9월물	1975~2010년	20일	8일

상품	월물	기간	거래일	보유 일수
6월				
30년 만기 채권 바닥(매수)	9월물	1978~2010년	2일	10일
코코아 바닥(매수)	9월물	1973~2010년	2일	24일
대두 천장(공매도)	9월물	1970~2010년	5일	36일
밀 바닥(매수)	12월물	1970~2010년	6일	105일
설탕 바닥(매수)	10월물	1975~2010년	11일	32일
소 바닥(매수)	4월물	1970~2010년	14일	160일
옥수수 천장(공매도)	9월물	1970~2010년	18일	25일
영국 파운드화(매수)	9월물	1975~2010년	20일	16일
7월				
S&P 500 천장(공매도)	9월물	1982~2010년	10일	7일
천연가스 바닥(매수)	11월물	1990~2010년	17일	62일
코코아 천장(공매도)	12월물	1973~2010년	18일	70일
8월				
스위스프랑화 바닥(매수)	12월물	1975~2010년	6일	48일
커피 바닥(매수)	12월물	1974~2010년	12일	13일
코코아 바닥(매수)	12월물	1973~2010년	14일	24일
금 바닥(매수)	12월물	1975~2010년	18일	25일
9월				
유로화 바닥(매수)	12월물	1999~2010년	5일	16일
원유 천장(공매도)	2월물	1983~2010년	8일	62일
코코아 천장(공매도)	12월물	1973~2010년	10일	33일
영국 파운드화 바닥(매수)	12월물	1975~2010년	12일	33일
10월				
은 천장(공매도)	12월물	1972~2010년	4일	17일
엔화 천장(공매도)	3월물	1976~2010년	12일	78일
대두 바닥(매수)	1월물	1968~2010년	16일	12일
유로화 바닥(매수)	3월물	1999~2010년	18일	47일
S&P 500 바닥(매수)	3월물	1982~2010년	19일	41일
옥수수 바닥(매수)	7월물	1968~2010년	20일	133일

상품	월물	기간	거래일	보유 일수
11월				
돈육 바닥(매수)	2월물	1969~2010년	2일	13일
코코아 바닥(매수)	3월물	1972~2010년	4일	34일
금 바닥(매수)	2월물	1975~2010년	13일	10일
30년 만기 채권(공매도)	6월물	1977~2010년	14일	107일
스위스프랑화 바닥(매수)	3월물	1975~2010년	18일	24일
12월				
밀 바닥(매수)	5월물	1970~2010년	5일	20일
옥수수 바닥(매수)	7월물	1970~2010년	6일	22일
구리 바닥(매수)	5월물	1972~2010년	10일	47일
영국 파운드화 천장(공매도)	6월물	1975~2010년	19일	58일
스위스프랑화 천장(공매도)	3월물	1975~2010년	19일	41일

출처: 《상품 거래자 연감》

계절적 패턴 거래는 시장이 그전까지 머물러 있던 거래 범위에서 벗어나거나 긴 상승장 때에 효과가 있다. 나는 2017년 아니면 2018년에 이런 긴 상승장이 형성될 것이라고 예상한다. 앞으로 몇 년 뒤 어느 때에 장기 약세장이 공식적으로 선언되면, 트럭을 후진시켜 주식을 가득 담아가기 바란다. 장기 보유를 위한 포트폴리오를 구성하려는 것이든 전술적인 조치로 자본이득을 늘리려는 것이든 다음에 설명할 거래 전략은 의심의 여지없이 여러분의 거래 실적을 개선시켜줄 것이다.

나는 2011년 3월에 처음으로 다우지수의 향후 15년을 전망하며(현재는 그림 4.1에서 보듯 13년), 슈퍼 붐이 일어나 2025년까지는 다우지수가 38,820까지 상승할 것이라고 예측했다. 그때 나는 이 책에서 논의한 장기 주기와 함께 현재의 사건과 조건들을 고려했다. 현재 시장의 움직임, 우리가 알고 있는 지정학적 여건, 펀더멘털, 세계적 경제 조건 역시 계산에 넣었다. 지난해는 내 예상에 상당히 근접했다. 다우지수는 2011년 10,000포인트에 도달하거나 돌파하지 못했지만, 꽤 가까이까지 왔다. 2011년 10월 4일에는 장중에 대략 10,400포인트를 기록하기도 했다.

나는 연간 전망을 작성할 때도 비슷한 방법을 쓴다. 근래의 경제 데이터, 계절적 패턴 기록, 시장 조건은 더 큰 영향을 미치지만, 나는 여전히 시장이 장기 주기의 어디쯤에 위치하고 있는지를 고려한다. 나는 이런 연례 전망이나 장기 전망을 단지 언론 보도나 그 자체를 위해 하지는 않는다. 이런 예측과 전망은 내 거래 활동의 토대이자 틀이 된다. 그러나 나는 이런 전망에 붙들려 있지는 않으며 상황이 합당할 경우 입장을 바꾸는 데 완고하지 않다.

예컨대 2008년의 상황을 보자. 2007년 말과 2008년 초는 시장이 계절적 패턴과 완전히 어긋났다. 베어 스턴스가 무너진 뒤에는 나는 시장에서 손을 떼고 자산을 모두 현금화했다. 나는 경기 침체를 선언했는데, 2008년 3월에도 약세장이 계속되었다. 그 뒤 11월 다우지수가 7,500포인트에 도달했을 때에야 나는 다시 매수 포지션을 취하기 시작했다. 주식시장 주기 분석을 여러분의 투자와 거래 결정에 도입할 때 발생하는 엄청난 효과를 과소평가하지 말기 바란다.

타이밍이 전부다

그렇다면 어떻게 시장 주기와 펀더멘털, 타이밍을 조합하여 이익은 늘리고 손실은 최소화할 수 있을까. 우선 무엇보다 10월이 한 해 중 주식 매수에 가장 적합한 달이라는 것을 명심해야 한다. 둘째, 통계적으로 가장 합당하고 간단한 주식시장 거래 전략은, 내가 아는 한 최고의 6개월 거래법이라는 사실이다.

주식시장에 관해 얼마간 아는 대다수의 사람은 "5월에 팔고 떠나라."는 말을 한번쯤 들어보았을 것이다. 이 말은 "5월에 팔고 떠나, 세인트 레저 경마 대회가 시작하는 날(9월)에 돌아오라."는 영국의 오래된 속담에서 비롯된 것이다. 1776년

창설된 세인트 레저 경마 대회는 한 해 마지막의 순혈종 평지 경마 대회이며 영국 트리플 크라운의 마지막 경주다. 영국의 경마 시즌이 종료되면 모든 사람들이 주식을 사러 돌아오리라는 것은 아무튼 분명하지 않은가.

세인트 레저 경마 대회는 주식시장의 계절적 성격과 별로 관련이 없지만, 주식시장에서 최악의 기간이 끝나는 때와 시기적으로 일치하는 것은 사실이다. 우리는 주식시장의 상승은 대개 한 해 중 11월부터 4월 사이에 이루어져 왔다는 것을 입증한 바 있다. 10월이나 11월에 주식을 사지 않으면 5월 아니면 좀 더 낫게 4월에 무엇을 팔겠는가? 최고의 6개월 거래법은 다른 거래 전략에서 주장하는 것처럼 여러분을 단번에 백만장자로 만들어주지는 못할 것이다. 하지만 이 거래 방법을 이용하면 리스크를 절반 이하로 낮춘 매수 보유 방식으로 오랜 시간에 걸쳐 부를 차곡차곡 쌓게 해줄 것이다(최고의 6개월 거래법에 관한 상세한 사항을 알아보려면 6장으로 되돌아가기 바란다. 정말로 효과가 있다!).

사거나 팔라는 말을 쓰면 종종 혼란이 생긴다. 사람들은 자주 이 말을 문자 그대로 받아들이지만, 사실 이 말을 꼭 따를 필요는 없다. 우리가 가을에 사거나 봄에 팔라는 조언을 했을 때 개인 투자자나 거래자가 취해야 할 행동은 개개인의 목표와 리스크 내성에 따라 달라진다.

우리의 거래 전략을 "들어가거나 나오는" 보수적인 방법으로 실행에 옮기려면, 단순히 자본을 주식이나 현금(혹은 채권) 사이에서 움직여야 할 것이다. 최고의 6개월 기간에 투자자나 거래자는 주식에 완전히 투자한다. 지수에 연동하는 ETF와 뮤추얼펀드는 주식 익스포저exposure를 취할 수 있는 쉽고 저렴한 방법이다. 최악의 6개월 기간에는 자본을 주식시장에서 빼내 현금으로 갖고 있거나 채권 ETF나 채권 뮤추얼펀드를 매입할 수 있다.

이런 방식은 그 목적이 제한된 리스크로 꾸준하고 일관된 이익을 내려는 퇴직계좌에 특히 잘 맞는다. 게다가 그 덕분에 여름휴가와 활동들이 훨씬 더 즐거워질 수 있을 것이다. 여러분의 돈이 안전한 현금이나 채권의 형태로 잘 보관되고 있으므로 주식시장의 등락에 신경 쓸 필요가 없기 때문이다. 1950년 이후, 다우존스 산업평균지수가 최고의 6개월 기간에 상승하지 않은 경우는 단 9차례에 불과했다.

또 다른 방법은 좀 더 계산을 해서 포트폴리오를 조정하는 방법이다. 최고의 6개월 기간에는 시장 상승이 예상되므로 추가적으로 리스크를 부담할 수 있다. 최악의 6개월 기간에는 리스크를 줄일 필요가 있지만, 그렇다고 완전히 없애려 하지 않는 것은, 지난 10년간 2003년과 2009년처럼 최악의 6개월 기간이라도 몇 차례 강세가 나타났기 때문이다. 이런 접근법은 들어가거나 나오는 위의 방식과 비슷하지만, 기존의 모든 주식 포지션을 처분하는 대신 방어적 거래 전략을 취하는 것이다.

성적이 변변치 않거나 못미더운 포지션을 처분하거나, 손실제한주문을 올리거나, 신규 매수를 제한하거나, 헤징 계획을 실행에 옮기는 방법도 있다. 외가격 지수 풋옵션을 매입하거나 채권 시장 익스포저(투자 비율)를 늘리거나 약세장 펀드bear marker fund의 포지션을 취하면, 여름의 온화한 시장 하락이 본격적인 약세장 같은 심각한 위기 상황으로 변할 때 포트폴리오 손실을 완화시켜줄 수 있다.

일반적으로 말해, 최고의 6개월 기간에 이루어지는 여러분의 투자는 다우지수와 S&P 500, 나스닥 지수를 구성하는 회사들에 대해 비슷한 익스포저를 제공해야 한다. 이런 주식들은 보통 대형 가치주와 성장주 그리고 기술주들이다. 어떤 특정한 ETF나 뮤추얼펀드의 구성을 검토한 뒤 이를 지수 구성 종목과 비교해보는 것이 좋은 방법이다. 최악의 6개월 기간에는 미국 재무성 채권, 금융시장 펀드money market fund, 약세장 펀드나 인버스 ETF로 자금을 돌릴 수 있다.

기술적 지표를 상세히 알아보라

여기서 핵심은 기술적 지표를 최고의 6개월 거래 기법 같은 다른 수단과 연계하여 매수나 매도 결정의 시기를 정하는 데 도움을 얻는 것이다. 우리 역시 4월이나 10월이 되면 지표를 추적하면서 매수나 매도 신호를 찾기 시작한다.

MACD, 즉 이동평균수렴확산지수는 제럴드 아펠에 의해 개발되어 유명해졌다. MACD는 거래 대중의 감정적 강도를 특히 민감하게 포착하고 추세 지속이나 반전의 단서를 일찍 알려준다. 아펠에 따르면, 이 기술적 지표는 급락 뒤 진입 신호를 찾을 때 특히 신뢰할 만하다. 주식시장 전반이나 개별 주식 혹은 뮤추얼펀드에도 적용할 수 있다.

여기에는 세 가지 지수 이동평균선이 이용된다. 단기 지수 이동평균선, 장기 지수 이동평균선, 장기 이동평균선과 단기 이동평균선의 차이의 지수 이동평균선(시그널선)이다(단순 이동평균선과 지수 이동평균선에 관한 상세한 사항은 뒤의 이동평균선에 관한 설명을 보라).

- MACD는 주가와 시장 지수의 과매수·과매도 상태를 알려주고, 높은 정확성으로 추세 반전을 지시하는 신호를 생성한다.

- MACD는 이동평균선과 비교하여 휩소whipsaws(잘못된 매매 신호)가 빈번히 발생하지 않는다.
- MACD에는 간략한 표기법이 쓰인다. 예컨대 "8-17-9 MACD"라고 하면 8일(혹은 주)의 단기 이동평균선, 17일(혹은 주)의 장기 이동평균선, 그리고 9일(혹은 주)의 지수 이동평균선으로 구성된 것이다. 이동평균선의 단위가 일이 되느냐 주가 되느냐는 주가 그래프의 시간 단위에 따라 결정된다. 월이나 분도 될 수 있으며, 데이터 간격이 어떻게 되느냐에 따라 어떤 시간 단위도 될 수 있다.
- 제럴드 아펠은 매수 신호 생성에는 8-17-9 MACD를, 강한 상승 움직임을 보여 왔던 주식의 매도 신호 확인에는 12-25-9 MACD를 추천했다.
- 이 지표가 얼마나 정확한가에 상관없이 하나의 지표에만 의존해서는 안 된다. 투자 결정을 하기 전에 되도록 많은 기술적 지표와 펀더멘털 지표를 연구하라.

그렇다면 지수 이동평균선이란 무엇인가?

단순 이동평균선은 일정 기간(예컨대 30일) 주식의 종가를 모두

더한 뒤 그 값을 날수(예컨대 30)로 나누어 계산한다. 그렇게 얻어지는 값이 평균이다. 이런 평균이 시간에 따라 움직이도록 하려면, 최근의 종가를 그전의 종가 합계에 더하고 이 합계에 들어 있는 가장 오래된 종가를 뺀다. 그 뒤 새로운 합계를 이동평균의 날수로 나누어주고, 이런 과정을 되풀이한다.

주가의 상승 추세 혹은 하락 추세에 생기는 변화는 주가나 지수가 이동평균선을 돌파할 때 그리고 이동평균선 자체의 방향이 변화할 때 확인된다. 이동평균선 이론에 의하면, 주가가 이동평균선 아래로 움직이면, 상승장에서 하락장으로 바뀐다는 신호다. 반면 주가가 이동평균선 위로 움직일 때는 하락 추세가 끝났다는 신호다.

단순 이동평균선의 단점은 극단적인 고점이나 극단적인 저점이 생겨나 주식의 실제 가치를 왜곡할 수 있다는 것이다. 이렇게 되면 잘못된 매수 혹은 매도 신호, 즉 휩소가 발생할 수 있다.

극단적인 고점이나 저점으로 인한 왜곡 문제에 대처하기 위해, 지수 이동평균선은 앞선 종가보다 현재에 가까운 종가에 더 큰 비중을 둔다. 많은 시장 기술 분석가들은 지수 이동평균선이 단순 이동평균선보다 더 정확한 지표라고 생각한다.

그렇다면 신호란 무엇인가?

- 매수 신호(상향 돌파)는 MACD 그래프가 0선 아래의 과매도 상태에 있고 MACD선이 시그널선 아래에서 위로 올라갈 때 일어난다.
- 매도 신호(하향 돌파)는 MACD 그래프가 0선 위의 과매수 상태에 있고 MACD선이 시그널선 위에서 아래로 내려갈 때 일어난다.
- 중요한 MACD 신호는 0선에서 멀리 떨어진 곳에서 발생한다. MACD선이 0선에서 멀리 떨어져 있을 때는 대중이 추세의 감정적 분위기에 반응하고 있다는 뜻이다. 따라서 대중이 갑자기 반대 방향으로 움직여 교차가 일어난다면, 그 의미는 강력하다. 0선 근처에서 교차가 일어났다면 대중이 무심하고 열의가 없다는 뜻이며, 대개 큰 움직임을 만들어내지 못한다.
- MACD선과 시그널선 사이에 생긴 다이버전스의 크기는 중요하다. 다이버전스가 클수록 신호는 강력하다.

MACD는 여러분이 매수 및 매도와 관련하여 더 나은 결정을 하도록 도와주는 수많은 기술적 지표 중 하나일 뿐이다. 중요한 것은 자신에게 맞는 하나 이상의 기술적 지표를 찾는 것이다. 어느 정도 성공을 거두었다면 여러분이 찾은 그 지표를 고수하기 바란다. 지표를 몇 개 추가하거나, 때에 따라서 보다 분명한 신호를 나타내는 지표들을 바꾸어 이용하는 방법도 있을 수 있다.

건전한 거래 규율을 마련하라

명심하기 바란다. 먼저 시장이나 주식이 해당 패턴을 잘 따르면서 거래 기회를 준비하고 있는지 확인해야 한다. 그 거래가 현재의 시장 상황과 관련하여 펀더멘털 면에서 건전한지 여부는 상식이 말해줄 것이다. 그 뒤에는 한 가지 이상의 단순한 기술적 지표를 이용하여 거래를 실행에 옮겨야 한다.

    이런 거래 기법은 여러분의 모든 투자 결정에 똑같이 적용될 수 있다. 시장 주기와 상관없이 선호하는 개별 주식에도 적용할 수 있으며, 선호하는 부문의 주식을 선택하는 데도 활용할 수 있다. 일반적인 시장 타이밍과 관련해서도 효과가 있다. 건전한 투자 결정과 성공적인 거래를 즐기며 자산을 늘리고 포트폴리오를 잘 보호할 수 있기를 바란다!

감사의 말

이 프로젝트를 마치는 데 도움을 준 회사의 연구 이사이자 나의 비즈니스 파트너인 크리스토퍼 미스탈에게는 어떤 식으로도 고마움을 다 표현하지 못할 것이다.

존 윌리 앤 선스 출판사 사람들에게 감사를 전하고 싶다. 특히 케빈 커민스, 파멜라 반 기센, 조안 오닐은 아낌없는 지원을 해주었다. 메그 프리본은 기민한 판단과 한결같은 노력으로 원고를 편집하고 또 내가 원고를 다듬을 수 있게 해주었다. 로빈 팩터와 스테이시 피시켈타는 이 프로젝트가 생산적인 결과를 낳도록 부단히 돌봐주었다.

주식투자
**최적의 타이밍을
잡는 작은책**

초판 1쇄 | 2014년 5월 26일

지은이 | 제프리 A. 허시
옮긴이 | 조윤정
펴낸이 | 김성희
펴낸곳 | 맛있는책

출판등록 | 2006년 10월 4일(제25100-2009-000049호)
주소 | 서울시 서초구 서초중앙로 29길 26 (반포동) 2층
전화번호 | 02-466-1278
팩스번호 | 02-466-1301
전자우편 | candybookbest@gmail.com

ISBN : 978-89-93174-26-7 13320

Copyright ⓒ CandyBook, 2014, Printed in Korea
이 책의 저작권은 저자와 출판사에 있습니다.
서면에 의한 저자와 출판사의 허락 없이 책의 전부 또는 일부 내용을 사용할 수 없습니다.